하나님을 경험하는 연습

고독과 침묵

고독과 침묵

초판 1쇄 발행 2021년 6월 29일
2판 1쇄 인쇄 2021년 7월 7일
2판 1쇄 발행 2021년 7월 13일

지은이 루스 헤일리 바턴
옮긴이 윤종석
펴낸이 유동휘
펴낸곳 SFC출판부
등록 제104-95-65000
주소 (06593) 서울특별시 서초구 고무래로 10-5 2층 SFC출판부
Tel (02)596-8493
Fax 0505-300-5437
홈페이지 www.sfcbooks.com
이메일 sfcbooks@sfcbooks.com
기획·편집 편집부
디자인편집 최건호
ISBN 979-11-87942-54-2 (03230)
값 11,000원

잘못 만들어진 책은 언제든지 교환해 드립니다.

하나님을 경험하는 연습

고독과 침묵

루스 헤일리 바턴 지음

윤종석 옮김

SFC

· · · · · ·

나에게 자신들의 고독과 침묵 여정에 동참하는 특권을
허락해 주신 분들께 이 책을 바친다.
그들의 얼굴과 질문과 갈망에 힘입어 나는 말 너머의 세계를
말로 표현하는 도전에 충실할 수 있었다.

· · · · · ·

······ 목차 ······

서문

  17세기의 훌륭한 과학자요 신학자이자 그리스도인인 블레즈 파스
칼Blaise Pascal은 『팡세』136제에서 "인간의 모든 불행은 그가 자기 방에
조용히 머물 수 없다는 단 한 가지 사실에서 비롯된다."라고 말했다. 그
에 따르면, 인간의 이러한 무능의 이유는 "연약하고 유한한 인간 조건
의 타고난 빈곤으로서, 너무 비참해서 깊이 생각하면 아무 것도 위로
가 안 된다." 때문에 "깊이 생각하지" 않으려고 우리는 파스칼이 "전환
diversion"이라고 부른 것을 찾아 자신이 아닌 다른 데로 주의를 돌린다.

  그래서 사람들은 시끄럽고 바쁜 것을 지독히 좋아하고, 그래서
  감옥이 그토록 끔찍한 형벌이 되고, 그래서 고독의 즐거움이 불
  가해한 것이다.

  또한 파스칼은 "우리에게 또 다른 은밀한 본능, 원래 좋았던 본성의

잔재"가 있어 "실제로 행복이란 바쁜 데 있지 않고 오직 안식에 있음을 가르쳐 준다."라고도 했다. 이 은밀한 본능이 전환 욕구와 충돌하고, 그로 인한 생각의 혼란 때문에 사람들은 흥분 속에서 안식을 얻으려고 한다. 그리고 "닥쳐오는 난관을 모두 이겨냄으로써 안식의 문이 열려야만 지금 내게 없는 만족이 찾아올 줄로 늘 생각한다." 물론 시간만 더 있으면 된다는 생각은 착각이다. 보다 근본적인 해답을 찾지 않는 한 '더 있는 시간'마저도 이미 있는 시간과 똑같이 채워질 것이다. 해방과 안식의 길은 결단과 연습에 있다.

여기서 결단이란 당신의 평판과 '성공'을 포함해 세상과 당신의 운명을 하나님의 손에 넘긴다는 결단이다. 이것은 아무 행동도 하지 않겠다는 결단이 아니다. 물론 상황에 따라 그렇게 될 수도 있지만 말이다. 그보다 이것은 당신의 행동 방식에 관한 결단이다. 즉 당신이 하나님을 의존하여 행동하는 것이다. 당신이 결과를 주관하지 않는다. 물론 당신 몫을 행하지만, 그것은 언제나 '당신 자신이 아니라' 하나님에 대한 의식으로 정결케 된다.

세상과 우리의 운명을 하나님께 넘긴다는 결단은 우리 안팎의 모든 것에 역류한다. 우리를 지배해 온 행동 체계는 우리가 있기 전부터 있었고, 우리 존재의 모든 구멍들로 스며든다. 바울은 율법이 있기 전부터 "죄가 세상에 있었다."라고 말한다. 죄는 내적으로 우리를 빚어내고 외적으로 우리를 짓누른다. 그래서 우리는 하나님의 은혜의 역사를 경험하는 통로들을 택할 줄 알아야 한다. 그래야 그 시스템을 떨치고 나올 수 있다. 그 통로들이란 성령 안에서의 여러 생활 훈련들로서, 기독교 역사를 통해 잘 알려져 있으나 지금은 대부분 외면당하며 오해받고 있는 것들이다. 인간의 절박한 상황을 이해하지 못하는 이들에게는 이런 훈련들이 이상하고 심지어 해로워 보이기까지 한다. 그러나 파스칼이 정곡을 찌른 대로 산만한 실존을 살지 않고, 하나님 안에서 영혼의 쉼을 얻으려는 이들에게는 절대적으로 필요하다.

그 가운데서 고독과 침묵은 인간의 불행과 죄의 근원을 가장 직접적으로 공략하므로 가장 근본적인 영적 훈련이다. 고독 속에 있겠다는 것은 장시간 아무것도 하지 않겠다는 것이다. 성취를 일체 포기하는 것이다. 그런데 이러한 고독을 완성하려면 침묵이 필요하다. 고요함에 들지 않는 한 아직 세상이 우리를 쥐고 있기 때문이다. 고독과 침묵 속에 들어가면 우리는 더 이상 하나님께 요구하지 않는다. 하나님께서는 하나님이시고 나는 그분의 소유로 족하다. 우리는 자신에게 영혼이 있고 하나님께서 여기 계시며 이 세상이 '내 아버지의 세상'임을 배운다.

하나님을 아는 그러한 지식은 신앙인을 포함해 대다수의 인간을 몰아가는 자만심과 미친 듯이 바쁜 삶을 점차 밀어낸다. 우리가 어디에 있든 그 지식이 우리를 소유하게 된다. 이제 우리는 "무엇을 하든지 말에나 일에나 다 주 예수의 이름으로 하고 그를 힘입어 하나님 아버지께 감사"한다골3:17. 고독과 침묵은 또 하나의 일이 아니다. 정말이지 그것은 일부러 생각해야 할 일이 아니다. 그것은 우리가 되어가는 모습이다. 물론 수시로 우리는 조용히 혼자서 고독과 침묵을 가꿀 필요가 있다. 그러나 우리는 가는 곳마다 고독과 침묵을 품고 다닌다.

오늘날의 정황, 특히 신앙의 정황상 누군가 우리에게 고독과 침묵에 대해 그런 것이 존재한다는 사실만이라도 말해줄 필요가 있다. 나아가 누군가 우리에게 그 속에 들어가도 괜찮다고 말해줄 필요가 있다. 그리고 누군가 우리에게 방법과 결과, 그리고 그 이후의 과정을 알려줄 필요가 있다. 루스 바턴의 경우, 그 사람은 다름 아닌 자신의 영적 스승이었다. 이제는 루스가 당신에게 말해줄 차례이다.

"하나님의 백성에게 남아 있는 안식"히4:9을 정말 알고 싶거든 모든 결과를 하나님께 맡기고, 루스 바턴을 길잡이로 삶아 고독과 침묵의 연습에 들어가기로 결단하기 바란다. 그 과정에서 예수님께서 함께해 주시기를 기도하자. 그리고 그분을 신뢰하자. 그러면 당신은 마음이 온유하고 겸손하신 그분께서 약속하신 "너희 마음의 쉼"을 알게 될 것이다. 그리고 이것은 당신의 삶과 죽음에 쉬우면서도 요동치 않는 기초가 될 것이다.

달라스 윌라드Dallas Willard

감사의 말

"때때로 영적 공동체의 힘은 우리를 위해 모든 것을 고치려고 애쓰는 함정에 붙잡히지 않는 사람들의 사랑에서 나온다. 그들은 우리를 위해 기도하면서 우리가 광야와 결핍의 고통을 겪도록 놔둠으로써 우리로 하여금 더 깊이 하나님 안에 뿌리를 내리도록 한다."

_로즈메리 도허티Rosemary Dougherty

고독과 침묵의 여정은 혼자만의 길이다. 하지만 그래도 우리는 앞서간 이들과 지금 동행하는 이들이라는 더 큰 공동체 안에서 그 길을 간다. 그들은 우리가 삶 속에서 하나님의 초대를 받아들이도록 지지해 준다. 그리고 우리를 응원해 준다. 그들은 신실하게 우리를 하나님께 맡겼다가 다시 자신들 가운데 받아 주되, 고독한 곳에서 우리가 하나님께 받은 것을 모두 존중하고 주목해 준다. 나는 이러한 길동무들에게 감사를 표하고 싶다.

우선 변화 센터The Transforming Center 공동체에게 감사한다. 함께 살고 사역하는 가운데서 하나님을 위한 공간과 고독을 유지하기란 만만찮은 일인데, 내게 그런 씨름의 기회를 주어 깊이 감사한다. 감격스럽게도 우리는 하나님과 서로에게 그리고 분별의 은사에, 자신을 여는 방편으로 침묵을 아끼고 믿는 법을 배우고 있다. 우리는 영적 생활의 몇 가지 위대한 역설을 체험하고 있다. 혼자 보내는 시간을 선택할 때 우리는 함께 있을 때보다 더 나아진다. 침묵의 시간을 선택할 때 우리의 말은 더 의미가 있다. 기다림을 선택할 때 더 많은 것이 이루어진다.

신실한 친구이자 확실한 대리인이며 사역 파트너인 조 셔먼의 용감한 질문에 감사한다. 내 글 가운데 더 진실한 목소리를 내라는 초대는 거기서 시작되었다. 줄곧 시간을 아끼지 않고 그 목소리를 불러내 준 그에게 감사한다. 끝까지 나를 믿어준 것도 고맙다. 나의 삶의 여러 고비에서 그를 사용하여 내게 용기와 확신을 주신 하나님께 깊이 감사드린다.

사랑하는 영혼의 자매 브렌다 솔터-맥닐에게도 감사한다. 그녀는 사역과 직책, 집과 가족, 내면의 강박 때문에 거의 불가능해 보일 때에도 고독과 침묵의 여정 가운데서 버팀목이 되어 주었다. 우리는 고요함 가운데 주시는 하나님의 음성을 존중했고, 오직 하나님만을 기다릴 때 오는 구원을 목격했다. 하나님께 감사드린다.

나의 작가 수업에 베풀어 준 크리스틴 앤더슨의 성실한 도움은 너무나도 귀하다. 그것은 친절함과 기민함, 진실과 도전의 완벽한 조화였다. 그녀의 코치 덕에 나는 바라던 것보다 더 열심히 일할 수 있었고,

현실감과 전문성을 한 차원 높일 수 있었다.

IVP의 밥 프라일링, 신디 번치, 제프 크로스비가 각각 베풀어 준 전문성과 소신과 격려는 그때그때마다 매우 요긴했다. 고된 영적 여정에 그토록 깊이 헌신된 이들과 동역한다는 것은 특권이다.

영성 스승인 시스는 강물을 붓고 마구 뒤흔든 물동이와 같은 나 자신의 모습을 처음으로 보게 해 주었고, 이어 내 영혼의 어지러운 앙금을 가라앉히는 연습들로 나를 이끌어 주었다. 그날 시작된 여정은 지금 이 순간에도 계속되고 있다.

이 책을 쓰는 내내 나를 지켜보며 기도해 준 친구들과 사랑하는 이들, 특히 나의 부모님 찰스 헤일리와 조앤 헤일리, 나의 형제들 조나단 테일러 헤일리와 빌 헤일리, 나의 친구들 신드라 스택하우스-태취, 셔릴 플래이셔, 마릴린 스튜어트, 애딜 캘혼에게 감사한다.

남편인 크리스와 세 딸 채리티, 베다니, 헤일리에게 감사한다. "엄마가 하나님과 단둘이 시간을 보내고 오면 더 좋은 엄마가 된단다."라는 말로 나의 고독과 침묵 나들이를 설명한 이후로 우리는 먼 길을 걸어왔다. 정신없는 가정생활의 한복판에서 고요한 시간을 떼어내는 법을 배우느라 씨름하던 나를 용케 참아준 그들이 고맙다. 그들이 기꺼이 나를 보내주고 또 다시 받아준 것은 커다란 선물이었다.

온 마음에 감사가 넘친다.

루스 헤일리 바턴Ruth Haley Barton

머리말

　말 너머의 세계인 고독과 침묵 속으로 들어가라는 주장을 언어로 하려니 힘든 노릇이다. 그 같은 역설은 사실 우스운 일이다. 나는 이것이 마음에 끌리다가도 이상하게 꺼려지곤 했다.

　마음이 끌린 이유는 고독과 침묵의 여정이야말로 평생 나의 영적인 삶에서 단연코 가장 중요한 부분이기 때문이다. 이는 네 살 때부터 그리스도인으로 살아온 나로서는 꽤 강도 높게 표현한 것이다.

　하지만 다른 한편으로 고독과 침묵은 내게 끈질긴 도전으로 다가온다. 이 두 훈련에 좀 더 의식적으로 임하라는 하나님의 초대를 처음 받아들인 지 족히 십년이 지났는데도, 내 영혼의 깊은 빈자리를 채워 주는 그 시간을 따로 확보하는 것은 여전히 힘겨운 도전이다. 행위가 아닌 존재를 위한 비생산적인 시간을 알게 모르게 얕보는 세상 문화는 물론 심지어 종교 하부 문화의 영향력 앞에서 나도 당신처럼 씨름한다. 그리고 꼭 알아야만 될 것 같은 모든 것들 저 너머, 침묵의 자리에 계신 신비 자체이신 하나님께 나를 맡기느라 씨름한다.

이제 나는 내 씨름을 '바깥' 세력들 탓으로 돌리지 않을 만큼 눈이 뜨였다. 유혹에 쉽게 넘어가는 귀신들, 즉 뭔가 해내고 적어도 유능해 보이고 생산성을 살리고 문화에 발맞추고 균형을 이루려는 욕망의 귀신들이 바로 내 안에 있음을 어느 때보다 잘 안다. 그래서 두 훈련으로 들어가야 할 때면 나는 여전히 이런 귀신들과 매번 싸운다.

그러나 이 모든 도전의 한복판에서 하나님의 초대를 계속 경험한다는 것은 얼마나 즐거운 일인가! 날이 갈수록 즐거움이 귀신들을 제압하고 있음을 본다는 것은 또 얼마나 기쁜 일인가! 초대받는다는 것은 놀라운 일이다. 사귐을 고대해 온 사람의 집이나 재미있는 이들과의 파티, 또는 매력에 끌리는 이성과의 데이트에 어떤 강요나 조종 없이 진정으로 초대받는 것 말이다. 초대받는 것에는 무언가 마음 설레게 하는 것이 있다. 누군가 나를 찾고 있고, 만남을 주도할 만큼 나의 동석을 원하고 있다는 것이다.

고독과 침묵에의 초대도 그런 것이다. 이는 시끄럽고 분주한 삶의 바깥에서 기다리고 계시는 분과 친밀한 관계 속으로 더 깊이 들어가자는 초대이다. 또한 우리의 의식이 산만하고 둔해질 때도 한결같이 임재하시는 분과 교제하며 사귀자는 초대이며, 우리 존재의 심연에서 이루어지는 영적 변화의 모험에 나서자는 초대이다. 이러한 초대 또는 모험의 결과는 여태까지 경험하지 못한 깊은 자유와 진실 그리고 하나님에 대한 복종이다.

하나님의 초대는 솔깃하지만 그렇다고 가벼운 것은 아니다. 이것은 우리 존재의 심연을 향하여 그분의 심장에서 나오는 초대이다. 평생 고대해 온 무언가를 향한 여정, 아니 사실은 그 무언가를 향한 추구로 우리를 초대하는 것인 만큼 당연히 심사숙고가 필요하다. 최대한 효율적으로 우리를 목적지에 데려다주는 여행과는 달리, 추구란 언제 돌아올지 모른 채 친숙한 처소를 버리고 아직 보이지 않는 미지의 땅으로 가야만 하는 것이다. 이 여정에 오르려면 지금까지 알고 있는 삶과 기꺼이 작별해야만 한다. 우리의 마음이 뭔가 그 이상의 것을 갈망하기 때문이다.

여정에 착수할 때부터 우리는 도중에 도전이 있으리란 걸 안다. 우리를 극한으로 몰아가 우리의 모습을 바꿔 놓을 뜻밖의 만남들이 있을 것이다. 우리는 몸과 영혼에 여정의 흔적을 품고서 달라진 모습으로 돌아올 것이다. 그러면 친구들이 우리를 몰라볼 수도 있다. 아니 우리조차 자신을 몰라볼 수 있다.

이런 여정은 헌신을 요구한다. 환한 대낮과 캄캄한 밤, 말 못할 아름다움과 아슬아슬한 위험을 끝까지 통과하려는 의지가 필요하다. 때로 사귐을 맛보다가도 문득 사무치도록 외롭고, 때로 제 방향으로 가고 있다는 확신이 들다가도 문득 완전히 길을 잃은 것 같아 두렵기도 한다. 우리 내면의 중심을 향한 이렇게 위험하고 값진 여정 속에 하나님께서 거하신다.

이 책을 손에 든 것으로 미루어 당신은 하나님의 고독과 침묵으로의 초대를 이미 느끼고 있고, 또 그 초대에 응답하고자 하는 열망도 내면에 동하고 있을 것이다. 이 책은 하나님의 초대를 좀 더 똑똑히 듣고 나아가 구체적인 방식들로 응답하게 해주는 영적 여정의 길잡이이다. 각 장마다 여정이 지닌 상이한 면들에 대한 교훈과 묵상이 있으나, 그보다 중요한 것은 실제로 당신을 고독과 침묵으로 들어가게 해주는 연습들이다. 매우 간단한 연습들이지만 그렇다고 착각은 금물이다. 중대한 인식 전환을 요구하는 연습들이 많으며, 또 실제로 전환을 이루려면 연습을 해야만 한다.

당신이 앉은 자리에서 후다닥 책 한 권을 끝내야 직성이 풀리는 스타일이라 해도 가능하면 다시 돌아가 각 묵상과 거기 이어지는 연습에 꼭 시간을 할애할 것을 권하고 싶다. 사실은 하나님께서 당신을 놓아주시며 진도를 나갈 준비가 되었다고 알려 주실 때까지 각 장에 머물러 연습에 임하는 것이 가장 좋다.

도중에 시시때때로 당신이 만날 수 있는 상황에 대해서도 이 책에 다루었다. 나의 여정 중에서도 영적인 길에서 벗어나고 있다고 느껴지던 때가 여러 번 있었다. 그때는 누군가 내게 "본래 이런 것이다. 너는 길에서 벗어나지 않았다. 여정 한복판에 있다."라고 말해줄 사람이 필요했다. 그래서 나는 당신도 지레 포기하지 말라는 뜻에서 그러한 확신을 심어주고 싶다.

선지자 엘리야의 고독과 침묵의 여정은 시종일관 내게 깊은 확신을 주었다. 그는 이 책의 처음부터 끝까지 길동무가 되어줄 성경 인물이다. 이야기를 읽는 것과 이야기 속에 사는 것은 매우 다르다. 나는 매우 오랜 시간 엘리야의 이야기 속에 살았다. 고독과 침묵의 여정에 처음 오를 때 그것은 내게 엄청난 도전이었을 뿐만 아니라 나의 신앙 경험과도 한참 동떨어진 것이었기 때문에, 어떻게든 성경에서 그 여정을 위한 근거지로 삼을 만한 곳이 필요했다. 내 경험이 나만의 것이 아니며, 이미 알고 있는 세계에서 미지의 세계로 가자는 초대가 과연 믿을 만한 것임을 말로만이 아니라 내게 직접 보여줄 성경 말씀이 필요했던 것이다.

그런데 엘리야가 고독과 침묵 속에 들어간 과정에서 나타나는 구체적이고 인간적인 내막이 내 삶의 기초가 응어리까지 흔들리고 있는 것 같을 때 나를 영적 실체에 붙들어 매주었다. 내 여정에 매우 막강한 힘이 되어준 이야기라서 당신도 그곳으로 초대하고 싶다. 정보를 얻기 위해서라기보다 의문이 소용돌이칠 때 당신의 닻이 되어줄 곳을 성경에서 보여주고 싶어서이다.

이 책이 왜 고독과 성경, 고독과 기도, 고독과 일기가 아니라 고독과 침묵인지 궁금하지 않은가? 물론 영적인 삶의 다른 모든 면들도 이 책 곳곳에 등장한다. 하지만 그럼에도 내가 굳이 고독과 침묵에 대해 쓰기로 한 것은 오늘날 복음주의 그리스도인들 사이에 침묵이야말로 가장 도전적이고 요긴하면서도 가장 경험이 적은 영적 훈련이라고 믿기 때문이다. 침묵에 대해 말하고 읽기는 쉽지만 정말 침묵하기는 어렵다.

우리의 신앙 전통은 말이 매우 장황하고 바쁘며 성급하다. 그러나 급선무는 하나님께 우리 자신을 여는 길부터 찾는 것이다. 결국 그분께서는 인간의 모든 관념과 논의 너머에 계신다. 신학과 말씀, 지식과 봉사가 모두 중요하며, 또 그래서 그것들을 그토록 강조하지만, 사실 우리는 무엇보다 신비에 굶주려 있다. 우리는 하나님을 절대적 타자로 알고 그분의 임재 안에서 외경을 경험해야만 한다. 또한 우리는 친밀함에 굶주려 있다. 때문에 우리 존재의 각 세포 속에서 하나님을 보고 느끼며 알아야만 한다. 우리는 쉼에도 굶주려 있다. 때문에 하나님께 해드릴 수 있는 일을 넘어 하나님 자신을 알아야만 한다. 그리고 우리는 고요함에 굶주려 있다. 때문에 하나님 자신의 임재인 순전한 침묵의 소리를 들어야만 한다.

고독과 침묵에의 초대는 이 모든 것으로의 초대이다. 이러한 초대가 지닌 멋은 다름 아닌 우리에게 선택권이 있다는 것이다. 곧 우리는 초대를 받아들일 수도 있고 거절할 수도 있다. 하나님께서는 초대만 하실 뿐, 우리의 자유를 존중하시며 우리가 원치 않는 곳에 억지로 오시지 않는다. 대신 그분께서는 우리가 깊은 갈망으로 반응하기를 기다리신다. 그러므로 당신에게 초대장이 오거든 받아들이기를 바란다.

1 아합이 엘리야가 행한 모든 일과 그가 어떻게 모든 선지자를 칼로 죽였는지를 이세벨에게 말하니 2 이세벨이 사신을 엘리야에게 보내어 이르되 내가 내일 이맘때에는 반드시 네 생명을 저 사람들 중 한 사람의 생명과 같게 하리라 그렇게 하지 아니하면 신들이 내게 벌 위에 벌을 내림이 마땅하니라 한지라 3 그가 이 형편을 보고 일어나 자기의 생명을 위해 도망하여 유다에 속한 브엘세바에 이르러 자기의 사환을 그 곳에 머물게 하고 4 자기 자신은 광야로 들어가 하룻길쯤 가서 한 로뎀 나무 아래에 앉아서 자기가 죽기를 원하여 이르되 여호와여 넉넉하오니 지금 내 생명을 거두시옵소서 나는 내 조상들보다

낫지 못하니이다 하고 5 로뎀 나무 아래에 누워 자더니 천사가 그를 어루만지며 그에게 이르되 일어나서 먹으라 하는지라 6 본즉 머리맡에 숯불에 구운 떡과 한 병 물이 있더라 이에 먹고 마시고 다시 누웠더니 7 여호와의 천사가 또 다시 와서 어루만지며 이르되 일어나 먹으라 네가 갈 길을 다 가지 못할까 하노라 하는지라 8 이에 일어나 먹고 마시고 그 음식물의 힘을 의지하여 사십 주 사십 야를 가서 하나님의 산 호렙에 이르니라 9 엘리야가 그 곳 굴에 들어가 거기서 머물더니 여호와의 말씀이 그에게 임하여 이르시되 엘리야야 네가 어찌하여 여기 있느냐 10 그가 대답하되 내가 만군의 하나님 여호와께 열심이 유별하오니 이는 이스라엘 자손이 주의 언약을 버리고 주의 제단을 헐며 칼로 주의 선지자들을 죽였음이오며 오직 나만 남았거늘 그들이 내 생명을 찾아 빼앗으려 하나이다 11 여호와께서 이르시되 너는 나가서 여호와 앞에서 산에 서라 하시더니 여호와께서 지나가시는데 여호와 앞에 크고 강한 바람이 산을 가르고 바위를 부수나 바람 가운데에 여호와께서 계시지 아니하며, 바람 후에 지진이 있으나 지진 가운데에도 여호와께서 계시지 아니하며 12 또 지진 후에 불이 있으나 불 가운데에도 여호와께서 계시지 아니하더니 불 후에 세미한 소리가 있는지라 13 엘리야가 듣고 겉옷으로 얼굴을 가리고 나가 굴 어귀에 서매 소리가 그에게 임하여 이르시되 엘리야야 네가 어찌하여 여기 있느냐 14 그가 대답하되 가 만군의 하나님 여호와께 열심이 유별하오니 이는 이스라엘 자손이 주의 언약을 버리고 주의 제단을 헐며 칼로 주의 선지자들을 죽였음이오며 오직 나만 남았거늘 그들이 내 생명을 찾아 빼앗으려 하나이다 15 여호와께서 그에게 이르시되 너는 네 길을 돌이켜 광야를 통하여 다메섹에 가서 이르거든 하사엘에게 기름을 부어 아람의 왕이 되게 하고 …… 또 아벨므홀라 사밧의 아들 엘리사에게 기름을 부어 너를 대신하여 선지자가 되게 하라 …… 19 엘리야가 거기서 떠나 …… 엘리사를 만나니 …… 겉옷을 그의 위에 던졌더니

_열왕기상 19장 1~19절

1장
말 너머의 세계

"좋은 여행은 우리가 지금 어디에 있는지를 아는 것과 기꺼이 다른
곳으로 가고자 하는 것에서 시작한다."

_리처드 로어Richard Rohr

솔직히 말해서 처음에 나를 고독과 침묵으로 몰아넣은 것은 절박감
이었다. 더 고상한 이유, 예를 들어 하나님을 향한 순전한 갈망이나 뭐
그런 것 때문이었다고 말할 수 있다면 얼마나 좋을까. 그러나 처음에
는 순전히 절박감 때문이었다. 내 삶에는 고쳐야 할 문제들이 있었고,
아프도록 채워지지 않는 갈망들이 있었다. 망가진 부분을 고치고 부족
한 부분을 채워 보려고 알고 있는 방법을 모두 사용해 봤지만 소용없
었다.

목사의 딸로 자란 나는 당시 서른 초반의 나이로 어린 세 자녀의 엄
마였고, 마음에 드는 교회의 사역자였으며, 이제 막 집필 청탁에 응하

며 더러 강연에 나서던 참이었다. 신학교 공부로 삶은 빡빡하고 꽤 힘들었다. 체력 관리, 초점 관리, 우선순위 관리 등의 방법들을 모두 동원해야만 했다. 더욱이 내 영혼 안에는 반드시 표출되어야만 하는 또 다른 차원의 진실이 있었다. 그나마 귀 기울일 마음이 일어날 만큼 나를 재촉한 유일한 힘은 절박감이었다.

밖으로 바쁘게 사는 와중에도 내 내면의 혼돈은 막막하기 짝이 없었다. 그리스도인으로 살아온 세월이 얼마인데 아직도 영적 생활의 기본에 쩔쩔매고 있는 나를 보면 더욱 아찔했다. 우선 나는 남편과 자녀들을 일관되게 사랑하지 못한 것 같다. 인정하기 두려웠지만 결혼 생활과 자녀 양육의 도가니 속에서 나의 이기심과 자기중심성이 노출되고 있었다. 좋게 말하면 삶이 버거워 식구들 앞에서 인내심이 모자랐고, 나쁘게 말하면 나의 꿈과 야망을 추구하도록 나를 혼자 두지 않는 그들에게 화가 났다.

처음에는 나의 고민을 중년 초반의 위기쯤 되려니 하고 그냥 넘어가려 했다. 그러나 거기에는 더 깊은 진실이 숨어 있었다. 그리스도인이 된 지 꽤 오래 되었는데도 나는 사랑할 줄을, 정말 사랑할 줄을 몰랐다. 특히 사랑이 무언가를 요구하거나 불편을 주거나 혹은 나의 소원을 방해할 때면 더욱 그랬다. 나는 손톱만큼이라도 자아에 대해 죽을 줄을 몰랐다. 가족 관계라는 정말 중요한 영역에서도 참된 변화는 아스라이 멀게만 느껴졌다. 신앙생활의 몇몇 중요한 약속들조차 정말 사실인가 하는 의문이 들기도 했다.

그런데 알고 보니 나의 제한된 사랑의 역량은 빙산의 일각에 불과

했다. 분주한 삶이라는 표면 바로 밑에는 어마어마한 의문들이 가득했다. 더는 조용히 묻어 둘 수 없는 의문들이었다. 먼저 그것은 정체감과 소명에 대한 의문이었다. 외면적인 성 역할과 책임 외에 나의 참 모습은 무엇일까? 애써 수고하고 우수한 수준에 도달하여 남들에게 평가받는 것 말고 정작 나를 규정하는 것은 무엇일까? 또 한편으로 진정한 영적 변화의 가능성에 대한 의문도 있었다. 이제 막 인정하게 된 내 자신의 답보 상태, 도무지 깨지지 않고 사랑을 막고 있는 그 부분들은 무엇인가? 과연 지금 여기에 그 고질적인 부분들을 손봐 줄 만큼 강한 힘이란 존재할까? 아니면 변화에 대한 나의 간절한 희망은 무덤 저편의 아득한 여망일 뿐인가? 그리고 영혼의 은밀한 차원에 깊이 도사리고 있는 의문들도 있었다. 나의 삶과 스케줄을 이렇게 미친 듯이 몰아가는 동인은 무엇일까? 나의 과잉 활동이 가족과 지인들에게 피해를 주는데도 외부의 청을 거절하기가 이리도 어려운 까닭은 무엇일까? 인생이 끝날 때 나는 가장 귀한 것들을 외면한 초라한 선택들 때문에 슬퍼하게 되지는 않을까?

정말 괴로운 의문들이었고, 거기에 주목하려니 여태까지 용케 묻어 왔던 감정들이 소용돌이쳤다. 과거의 아픔과 현재의 억울함에 대한 들쑥날쑥한 분노, 그 밑에 덮인 깊은 슬픔의 샘, 그간 그토록 확신했던 일들에 대한 혼란의 물결, 외로움과 뭔가 그 이상에 대한 갈망의 물살. 하지만 무엇의 그 이상이란 말인가? 하나님, 사랑, 소속감, 평안? 내 갈망의 이름도, 표현 방법도 확실히 몰랐지만 그것은 나를 세찬 역류로 빨아들일 듯 위협했다. 그토록 애써 무시하고 외면해 온 감정과 의문들인데 그 속으로 덥석 들어갔다가는 아예 내가 휩쓸려가 버릴 것 같아 두려웠다. 어쩌면 나의 분노는 그리스도인에게 어울리지 않는 방식으로 터질지도 몰랐다. 아니 어쩌면 나는 진을 다 빼놓는 슬픔에서 영영 헤어날 수 없을지도 몰랐으며, 또 어쩌면 나의 혼란 때문에 소신에 찬 교육이 불가능할지도 몰랐다. 그리고 어쩌면 외로움 때문에 엉뚱한 데서 엉뚱한 사람을 찾게 될지도 몰랐다.

억누르려 하면 할수록 더 힘껏 저항해왔다. 반대로 그냥 없는 듯 무시하려 해도 내 감정과 의문들은 여전히 더욱 기세를 부리는 것 같았다. 겉으로는 생산성이 높았지만, 내 삶의 내면에서는 "영적인 삶에는 그 이상이 있어야 한다."라는 소리가 울려왔다. 이 소리는 깊은 슬픔과 동경에 잠겨 잠잠할 때도 있었지만, 수용의 한계에 이르러 성마르게 싸움을 걸어올 때도 있었다. **"이것이 전부일 수는 없다! 이것이 전부라면 내가 바라는 바가 아니다!"** 물론 아무런 말도 없이 그저 갈망만 있을 때도 있었다.

이처럼 힘에 부치는 갈증을 어찌할 것인가? 넘치는 종교 활동의 한복판에서 하나님을 향한 심령의 절박한 갈망에 어떻게 주목할 것인가? 하나님을 구하는 익숙한 방법들이 모두 부질없어질 때 당신은 어찌하는가? 그리스도인 리더는 위험하다 못해 무엄해 보이기까지 하는 의문들을 어디에 가서 표현할 것인가? 하지만 내게 있어서 그때는 어떤 종류든 나의 영적 공허함을 시인하거나 신앙에 대한 심각한 의문을 고백할 때가 아니었다. 오히려 그때는 '잘 지내야' 할 때, 사람들의 요청에 늘 준비되어 있어야 할 때, 내 앞에 찾아오는 기회들에 걸맞게 영적 성숙과 헌신의 외적인 증거들을 고수해야 할 때였다. 그러나 나의 내면의 신음소리는 현실이었고, 주목을 요구하고 있었다.

• • • • • •

도움은 어떤 영성 스승을 통해서 왔다. 그녀는 영혼의 순리에 경험이 많았으며, 타인의 삶 속에서 하나님의 초대를 능숙하게 알아보고 충실하게 반응하도록 도와주고자 하는 사람이었다. 우리가 만날 수 있었던 것은 그녀가 심리치료자였기 때문이다. 나는 내 문제를 심리적인 것으로 보고 그런 차원에서 해결할 수 있으리라 기대하며 그녀에게 치료를 요청했던 것이다.

그녀가 진행한 심리적인 통찰과 과정은 매우 좋았다. 어느 정도까지는 말이다. 그러나 결국 그녀는 내게 필요한 것이 영성 지도임을 깨닫고는, 상담 시간의 초점을 나와 하나님의 관계로, 그리고 내가 제기하는 의문들 속에 들어 있는 영적 변화에의 초대로 전환할 의향이 있느냐고 물었다. 영성 지도라는 말은 금시초문이었으나 나는 그녀가 최선의 길을 알고 있을 것이라 믿고 초점을 전환하기로 했다.

새로운 관계에 들어서면서도 나는 이전처럼 해답이 주로 말의 교환을 통해 오겠거니 생각했다. 내가 바란 것은 최대로 간편한 3단계, 곧 충고와 즉효, 그리고 처방이었다. 다만 이번에는 심리적 대화 대신 영적 대화이겠거니 짐작했다. 실제로도 꽤 많은 대화를 나눴다. 그러나 결국 이 지혜로운 여자가 내게 말했다. "루스, 당신은 강물을 붓고 마구 뒤흔든 물동이 같습니다. 당신에게 필요한 것은 앙금이 가라앉아 물이 깨끗해질 때까지 장시간 가만히 앉아 있는 것입니다."

무엇이든 가라앉도록 장시간 가만히 있어야 한다는 것을 나로서는 상상할 수가 없었다. 일정이나 기도제목 목록, 또는 공부 계획이 없는 상황은 상상이 되지 않았다. 통하지 않는 방법이라도 아예 방법이 없는 것보다는 낫지 않은가! 입 밖으로 내는 말이든 머릿속에만 떠오른 말이든 여하튼 말을 사용하지 않다니 이것이 있을 법한 일인가. 어디까지나 나는 말로 사는 사람이다. 작가와 강사로서 내 삶의 핵심은 주제를 말로 표현하여 의미를 찾는 능력이다. 말로 표현하거나 말로 처리하거나 말로 해결할 수 없는 것이라면 무슨 득이 있겠는가.

마지막으로 중요한 것이 한 가지 더 있다. 그것은 시정하고 해결함으로써 영적 삶에 진보를 이루려는 나 자신의 노력을 그만둔다는 것은 상상할 수 없었다는 것이다. 나는 늘 뭔가 성취해 내는 스타일이다. 무슨 일이든 열성을 다하는 버릇이 하도 오래되다 보니, 침묵 속에 혼자 앉아 있는 것처럼 비생산적으로 보이는 '활동'은 내 평소의 삶과는 완전히 딴 세상이었다.

그러나 비록 가라앉는다는 것이 실제로 어떤 것인지 잘 이해되지 않았음에도 불구하고, '강물이 든 물동이'라는 이미지는 내가 아는 나의 실상을 잘 잡아낸 것이었다. 나는 강물이 든 물동이며, 그 안에 부유하는 앙금은 나의 분주한 삶과 온갖 감정 및 생각, 그리고 통제되지 않는 내 내면의 씨름이라는 사실은 분명했다. 이것은 자기발견의 순간이었다. 모든 좋은 여정이 여기서부터 시작되었다.

강물을 담은 물동이라는 이미지는 내 현재의 위치를 파악하는 데 유익했을 뿐 아니라 어딘가 다른 데로 가려는 나의 동경과 열망도 잘 담아냈다. 오랫동안 가만히 있으면 부유하던 앙금이 가라앉고 내 영혼의 물이 맑아진다. 그러면 비로소 꼭 보아야 할 것이 보이기 시작한다. 이런 이미지가 하나님 안의 평안과 명료함, 그리고 더 깊은 차원의 확신에 대한 희망으로 나를 불렀다. 그것은 내가 아직 모르던 세계였다. 그 이미지가 불러일으키는 갈망 속에서 나는 소음, 말, 사람, 성취 지향적 활동 등에 중독된 내 삶을 벗어나 **가만히 있어 달라는**to be still and know 초대를 느꼈다. 나는 뭔가 그 이상의 다른 것, 곧 내 영혼을 더 이상 지탱해 주지 못하는 머릿속의 지식 그 너머의 것에 대한 갈망에 사로잡혔다.

하지만 그럼에도 초대를 받아들이기란 쉽지 않았다. 왜냐하면 영적 삶에 대해 내가 알고 있던 모든 것이 속빈 강정처럼 맥 빠져 보였는데, 기껏 내게 들려온 초대가 더 많은 '무'로의 초대라는 사실이 싫었기 때문이다. 대체 그것으로 무엇을 어쩐다는 말인가? 그러나 다행히도 나는 절박감을 버리지 않고 그 절박감만 잘 따라가면 된다는 것을 배웠다.

이상하게 들릴지 모르지만 절박감은 영적 삶에 정말 좋은 것이다. 절박감 때문에 우리는 아쉬운 답을 찾아 어떤 모험이라도 하려는 각오로 근본적인 해결책에 마음을 연다. 절박한 사람들은 혼신을 다해 열심히 찾는다. 자기 삶이 거기에 달려 있음을 알기 때문이다. 국내에 없는 치료법을 찾아 외국으로 나가는 암 환자처럼, 영적 구도자들은 현재 아는 삶의 반경 내에 없는 것을 찾아 떠난다. 우리 또한 종종 지금까지 써 보지 않은 요법의 치유를 찾아 떠나곤 한다. 곧 자신의 답으로 갈 데까지 가보고 가능한 일은 다 해본 뒤 그제야 비로소 삶의 커다란 난제 앞에서 자신의 무력함을 인정할 준비가 되는 것이다.

나의 영성 스승은 하나님께서 나를 고독과 침묵이라는 두 가지 습관으로 초대하고 계심을 느끼면서도 정작 내게 그 말을 쓰지는 않았다. 그러나 나는 그녀가 내게 권한 것이 고금의 영적 구도자들이 마음을 열어 하나님을 더 깊이 알고 듣는 데 사용해 온 두 가지 고전적 습성임을 잘 안다. 고독과 침묵은 번잡한 영혼에 가끔 혼자만의 시간이 필요할 때 쓰라고 있는 사치 행위가 아니다. 오히려 그것은 하나님을 다 담을 수 없는 인간의 관념과 노력 너머에 있는 하나님의 임재에 마음을 여는 구체적인 길이다.

고독과 침묵의 습관이 근본적인 까닭은 우리 존재의 모든 차원에 도전이 되기 때문이다. 우선 그것은 문화 차원에서 우리에게 도전이 된다. 서구 문화는 (인간의 노력을 접어 두고) 가만히 앉아서 (인간의 사고를 접어 두고) 듣는 비생산적으로 보이는 시간을 거의 알아주지 않는다. 둘째로 그것은 대인관계 차원에서도 쉬운 일이 아니다. 왜냐하면 그것은 잠시 대인관계를 등지고 하나님께만 전념하도록 우리를 부르기 때문이다. 셋째로 그것은 영적인 차원에서도 도전이 된다. 침묵 속에서 우리는 시끄럽고 바쁜 삶으로 외면할 수밖에 없던 내면의 역동에 눈뜨게 되기 때문이다. 고독과 침묵은 우리를 영적 전투로 끌어들인다. 침묵 속에는 우리 모두가 '그분께서 하나님 되심'을 확실히 알 수 있는 잠재력이 배태되어 있다. 그래서 침묵 속에서는 악과 죄와 자아가 더는 우리를 움켜쥘 수 없게 된다. **그래서 모든 악의 세력은 단결하여 우리가 고독과 침묵으로 들어가려는 것을 막으려 든다.**

나의 고독과 침묵의 시발점을 돌아볼 때, 절박감이 아니었다면 나는 이런 도전에 부딪쳐 볼 마음이 거의 없었을 것이다. 과연 내가 그런 낯선 땅, 즉 무엇을 만나게 될지 모르는 영혼의 고요한 자리, 말 많은 기도와 내용이 꽉 찬 설교와 성경공부를 떠나 하나님을 추구하는 모험에 들어가 내 영혼의 물이 맑아질 때까지 진득하게 거기에 머물 마음이 생겼을지 의문이다. 뭔가 그 이상에 대한 열망이 없었다면 아마도 나는 그저 과거에 하던 것을 답습했을 것이다. 하지만 절박감과 갈망이라는 쌍두마차가 나를 교착 상태에서 끄집어내 새로운 세계로 데려갔다. 그곳은 평소 내 노력의 특징인 밀어붙이기와 억지가 아닌 하나님의 주도에 따라 영적 삶이 이루어지는 세계였다.

· · · · · ·

어쩌면 지금 당신도 그때의 나와 같은 심정일지 모른다. 익숙한 곳을 벗어나 미답의 땅으로 가고 싶은 절박감이나 갈망 같은 것 말이다. 영혼의 그러한 움직임에 주목하기 바란다. 거기서 달아나거나 마음을 딴 데로 돌리거나 억압할 것이 아니라 당신을 고독과 침묵 속으로 더 깊이 초대하는 절박감과 갈망의 선한 내면의 역동을 잘 따라가야 한다. 그곳은 말을 초월하는 하나님의 임재가 나타나는 곳이다.

침묵의 자리를 낼 때 우리는 자신의 자리를 내는 것이다. …… 침묵은 미지의 세계, 길들여지지 않은 세계, 거친 세계, 수줍은 세계, 불가해한 세계, 즉 우리 안에서 표면에 떠오를 기회가 거의 없는 세계를 불러들인다.
거닐라 노리스Gunilla Norris, 『함께하는 침묵Sharing Silence』

엘리야가 그러했다. 엘리야가 대성공을 거두자 이스라엘의 왕비 이세벨은 그 위세에 겁을 먹고는 엘리야를 죽이겠다고 협박했다. 그러자 엘리야는 극도의 두려움과 우울감에 빠진 채 목숨을 건지고자 달아났다. 결국 그는 자기 사환조차 물리치고는 광야로 들어가 한 그루의 로뎀 나무 아래 쓰러지고 말았다. 그는 하나님께 자기 목숨을 거두어달라고 기도할 만큼 낙심에 빠져 있었다.

하지만 그제야 비로소 엘리야는 고독과 침묵 속으로 들어갈 수 있었고, 마침내 그 앞에 여태껏 겪어보지 못한 방식으로 하나님께서 그를 다루실 수 있는 여지가 열리게 되었다. 이것은 엘리야가 여정에 대한 자신의 통제권을 내려놓고 하나님의 임재를 경험하고 변화될 수 있는 절호의 기회였다.

이렇듯 당신이 회의와 의문과 이루지 못한 소원이라는 광야에서 한 그루의 로뎀 나무 아래에 앉게 될 때, 당신 혼자가 아님을 알고 안심하기 바란다. 엘리야를 비롯해 그 후 수많은 영적 구도자들도 시끄럽고 사람들로 가득한 삶의 장에서 물러나 고독과 침묵 속에 있을 때 하나님의 임재를 경험했다. 그러므로 거기서 우리 영혼은 가만히 앉아 우리 너머의 세계에서 오는 것을 기다려야 한다. 곧 하나님께서 우리에게 오셔서 우리 스스로 할 수 없는 일을 해 주실 때까지 절박감과 갈망에 그대로 따르는 것이다.

＜연습＞

몸의 자세를 편안히 하고 심호흡을 세 번 한다. 깊이 들이
마시고 천천히 내쉰다. 호흡과 더불어 마음을 가라앉히면서,
당신 안에서 이름 없는 미지의 것들이 표면에 떠오르도록 가
만히 둔다. 그리고 지금 이 삶의 시점에서 당신을 고독과 침
묵 속으로 더 깊이 끌어들이는 역동에 주목한다. 지금 당신
안에 그리고 당신과 하나님의 관계에서 벌어지고 있는, 당신
을 고독과 침묵으로 초대하는 일은 무엇인가? 당신이 겪고
있는 상태가 **절박감**desperation과 **갈망**desire이라는 말로 잘
표현되는가, 아니면 당신의 내면세계에서 벌어지고 있는 일
을 더 정확히 표현해 줄 다른 단어나 문구가 있는가?

이와 같은 내적 경험과 역동이 표면에 떠오르도록 둔 다
음, 그것을 느끼면서 곁에 앉아 이름도 붙여 보고, 원한다면
하나님께 그것을 표현해도 좋다. 오늘은 자신을 위한 공간,
영혼 속에 꿈틀대는 것들을 위한 공간을 내는 것으로 만족
한다. 그것들이 피해야 할 일이 아니라 새로운 방식으로 하
나님께 자신을 열라는 초대라고 생각하고 잘 귀담아 듣는다.
정해 둔 침묵의 시간이 끝나면, 그 관찰의 시간 동안 당신 곁
에 임재해주신 하나님께 감사를 드린다.

2장

출발

"고독 없이는 사실상 영적인 삶을 사는 것이 불가능하다. …… 만일
우리가 하나님과 함께 있고 그분께 듣는 시간을 따로 떼어두지 않는
다면 영적인 삶을 진지하게 생각하지 않는 것이다."

_헨리 나우웬Henri Nouwen

  고독과 침묵 속에 들어가는 것은 영적 삶을 진지하게 대하는 것이
다. 하나님께 전념하기 위해 **얼마 동안** 삶의 소음을 가라앉히고, 인간
의 부단한 노력과 수고를 그치며, 대인관계의 몰입에서 벗어나야 할
자신의 필요를 진지하게 대하는 것이다. 고독 속에서 하나님께서는 비
로소 우리를 인간의 기대라는 굴레에서 해방시켜 주신다. 거기서 우리
는 하나님을 궁극의 실체로, 즉 우리가 힘입어 살고 기동하는 분으로
경험하기 때문이다. 고독 속에서 우리의 생각과 뜻과 의지와 갈망은
하나님 쪽으로 방향을 가다듬게 되고, 그럼으로써 우리는 외부 세력들

에 점점 덜 끌리게 되며 우리 안에 있는 하나님의 소원과 기도에 더 깊이 반응할 수 있게 된다.

침묵은 이러한 고독의 경험을 심화시켜 준다. 침묵 속에서 우리는 사람들로 인한 삶의 요구에서 벗어날 뿐 아니라, 자신의 생각과 수고와 강박을 가라앉히고 보다 진실하고 확실하게 그분의 음성을 들을 수 있다. 설령 기도 중에라도 자신의 생각과 말에 의존하는 것은 매사를 통제하고 의제를 정하려는, 심지어 하나님과의 관계에서조차 최소한 의제가 무엇인지는 알려고 하는 우리 욕구의 단면일 수 있다. 하지만 침묵 속에서는 이와 같은 의제를 정하고 통제하려는 욕구를 습관적으로 내려놓게 된다. 그리고 하나님의 사랑의 주도권에 자신을 보다 기꺼이 맡길 수 있게 된다. 곧 침묵 속에서 우리는 일 분 일 초를 내가 아니라 하나님께서 활동하실 공간으로 내드리게 되는 것이다.

그러나 침묵이 언제나 말처럼 쉬운 것은 아니다. 적어도 내 경험은 그렇다. 영성 스승의 사무실에서는 침묵이 감동적으로 다가올 수 있지만, 사실 오랜 세월 성급히 살아온 우리에게는 매우 어려운 일이다. 나 역시 처음에는 속도가

하나님께서는 인내심이 무한하시다. 그분께서는 우리의 삶 속에 억지로 들어오시지 않는다. 그분께서는 우리에게 주신 최고의 선물이 자유임을 아신다. 따라서 우리가 습관적으로, 아니 아예 배타적으로 자신의 이성의 차원에서 살아가려 한다면, 그분께서는 이를 존중하시고 침묵하실 것이다. 우리는 자신의 생각과 개념, 이미지, 감정으로 자신을 채울 수 있다. 그분께서는 간섭하지 않으실 것이다. 그러나 우리가 주목하여 그분을 초대하고 침묵으로 내면의 공간을 연다면, 그분께서는 우리의 영혼에 말씀하시되 말이나 개념으로 하시지 않고 사랑이 자신을 표현하는 신비한 방식, 곧 임재로 그리하실 것이다.

M. 바질 페닝턴M. Basil Pennington, 『중심 잡힌 삶 Centered Living』

매우 느렸다. 나만 특별 개인지도가 필요한 '나머지 공부' 학생이 된 심정이었다. '정상' 학생들은 처음부터 20분 침묵으로 시작하는데, 나는 하루 10분이라는 좀 더 쉬운 목표로 시작해야 했다. 그 이상은 감당할 수 없었기 때문이다. 그러나 어쨌든 내게는 큰 실패를 계속해서 기가 죽는 것보다는 작은 성공을 계속해서 기뻐하는 편이 나았다.

물론 고독과 침묵은 성공과 실패의 문제가 아니다. 모든 것을 하나님께 맡기고 우리는 다만 그분 앞에 있기만 하면 된다. 또한 고독과 침묵은 그 자체가 목표가 아니다. 그것은 하나님과 친밀한 관계를 이루고 또 하나님만이 이루실 수 있는 변화 사역을 위해 꾸준히 우리를 그분께 내어드리는 **수단**일 뿐이다. 이에 대해 리처드 포스터Richard Foster 는 이렇게 말했다.

영성 훈련들은 우리 자신을 하나님께 산제사로 드리는 주된 길이다. 우리는 우리의 몸과 생각과 마음으로 할 수 있는 것을 하면 된다. 그러면 하나님께서 우리가 드리는 단순한 것을 취하시어 그것으로 우리가 하지 못하는 일을 하실 것이다. 곧 성령 안에서 평안과 사랑과 기쁨의 습성을 우리의 내면에 깊이 새겨 주시는 것이다.

그런데 이처럼 단순하고 쉬워 보이는 일이 그렇게 어려울 수 있다니 얼마나 뜻밖이고 숙연해지는지 모른다! 처음 한두 해 동안 나는 머릿속의 소음, 잡념의 인력, 만만찮은 새로운 연습에 대한 저항을 시종

의식하며 10분을 돌파하느라 쩔쩔맨 기억밖에 없다. 이상하게 그 시간이면 빨래가 더 급한 것 같고, 머릿속에 할 일이 줄줄이 쌓이고, 몇 년째 생각지도 않았던 사람과 상황들이 저절로 떠오르고, 평소 인정하지 않던 감정과 의문들이 불시에 덮쳐오곤 했다. 그러면 냉소적인 영이 이렇게 속삭인다. **"웬 부질없는 짓이냐? 아무 성과도 없는 일인데!"**

그러나 내게 필요한 것이 바로 이것이라고 확신한 스승의 도움과 약간의 형식에 힘입어 나는 연습을 지속할 수 있었다. 점차 나는 물리적 중력 법칙과 똑같이 작용하는 '영적 중력 법칙'을 경험하기 시작했고, 조금씩 그것을 믿는 법을 배우게 되었다. 강물을 담은 물동이를 가만히 두면 중력 법칙에 따라 결국 앙금이 바닥에 가라앉고 물이 맑아진다. 앙금을 가라앉히기 위해 따로 할 일은 없다. 다만 한동안 물동이를 가만히 두기만 하면 된다. 영적 중력 법칙도 마찬가지이다. 하나님의 임재 안에 가만히 앉아 있기만 하면 우리 안에 소용돌이치는 앙금은 어느새 가라앉기 시작한다. **가만히 있으면 알게 된다**Be still, and the knowing will come는 영적 중력 법칙을 믿고 그대로 있는 것 말고 우리가 따로 해야 할 일은 없다.

고독과 침묵에서 가장 중요한 것은 거기에 대해 말하고 읽고 생각하는 것을 어느 시점에 그만두고, 나이키 광고 문구처럼 '그냥 하는just do it' 것이다! 그러나 약간의 지침이 도움이 될 수도 있기에 여기에 몇 가지 출발을 위한 아이디어를 제시하고자 한다.

우선은 신성한 공간, 즉 하나님 한 분만을 위해 구별된 공간을 정하는 것이 중요하다. 신성한 공간이란 하나님과 단둘이 보낼 시간을 위해 정해둔 **물리적 장소**를 말한다. 책상이나 기타 업무 분위기가 나는 곳과 떨어지는 것이 가장 좋다. 부득이 사무실을 써야만 한다면 의자를 돌려 창 쪽을 향하거나 아예 편안한 방석을 깔고 바닥에 앉는 단순한 행위를 함으로써 영혼의 자세를 업무 상태에서 경청과 수용의 자세로 돌리는 것이 좋다. 자신에게 영적 실체를 환기시켜 주는 물리적 상징물이나 신앙적 물품을 사용하는 것도 좋다. 내 경우에는 촛불 점화가 고독의 시간에 내 곁에 임재하시는 성령님의 실체에 대한 강력한 상징이 되곤 한다. 사도행전 2장에 성령님께서 불의 혀처럼 사도들 머리 위에 임하신 이후로 불꽃은 늘 성령님을 통한 그리스도의 지속적인 임재에 대한 기독교의 상징이었다. 성상이나 십자가나 자연물을 영적 실체의 물리적 환기 장치로 사용하는 사람들도 있다. 이런 물건은 침묵의 시간에 하나님 앞에 머무는 데 도움이 될 수 있다.

신성한 공간은 하나님께 전념하기 위해 구별된 **시간의 장**a place in time이기도 하다. 이것은 하나님 안에서 휴식하면서 그분의 함께하심을 즐거워하고, 어떤 실리적 목적 없이 친밀함을 심화시키는 장이다. 사역과 관련된 활동이나 업무로부터 이 시간을 확실히 떼어 두어야만 한다. 현재 맡고 있는 금요일 밤 성경공부나 주일학교 공과 준비, 다음 주 주일 설교 준비 등은 별도의 시간에 해야 한다.

시간이 가면서 우리의 몸과 영혼은 정해진 리듬에 반응하게 된다. 그래서 결국에는 구별된 시간에 구별된 장소에 가기만 해도 자기 내면의 성소에 들어가게 된다. 그러면 거기서 우리는 하나님을 향한 우리의 갈망과 우리를 향한 하나님의 갈망을 들을 수 있게 되고, 그 갈망의 인도로 정보 습득이나 통제, 문제 해결 중심의 관계 양식을 벗어나 우리가 갈구하는 무언의 교류의 세계에 들어설 수 있게 된다.

또한 신성한 공간은 하나님 한 분만을 위해 구별된 우리 **영혼의 장소**이기도 하다. 특히 어떤 종류든 사역에 몸담고 있는 이들의 경우, 하나님과 단둘이만 있는 은밀한 내면의 장소를 유지하는 것은 중요한 훈련일 수 있다. 마리아처럼 우리도 고독 중에 마음속에 일어나는 일들을, 적어도 한동안 마음에 품어둔 채 성급히 나누거나 즉각 사역의 도구로 사용하지 않기로 다짐하는 것이 좋다. 이것은 무언가를 실리적 목적으로 써먹기보다 소중하고 신성하게 간직하는 행위로서, 평소 친한 친구들과의 사적인 만남을 보호하려는 것과 일맥상통한다.

한편 침묵 속에 보낼 시간의 양을 미리 정해 두는 것이 좋다. 처음에는 무난한 목표로 시작하는 것을 잊지 말아야 한다. 특히 고독과 침묵을 처음 연습하는 경우에는 더욱 그렇다. 나같이 숨 가쁜 생활의 속도에 젖어 있고 주로 말과 활동으로 제자도를 표현하는 경우에는 10분의 침묵도 엄청난 도전일 수 있다. 10분 동안 편안해지는 것은 고사하고 10분을 버텨내는 데만도 꽤 오랜 시간이 걸릴 수 있다. 그러나 중요한 것은 시간의 양이나 난이도가 아니다. 그것은 충실한 연습이다.

침묵의 시간에 들어갈 때는 의식적으로 몸을 편안이 하되 적당히 긴장된 자세를 유지해야 한다. 몸이 불편해 주의가 흐트러지는 것도 좋지 않지만 그렇다고 잠이 들어서도 안 된다.

이제 어느 정도 마음이 열리고 하나님을 향한 갈망이 느껴진다면, 그것을 말로 표현할 간단한 기도를 가르쳐 달라고 구해야 한다. 이 기도는 단지 하나님을 향한 갈망을 '모아 주고' 계속 그 상태로 있도록 도와주는 단어나 어구이다. 마음가짐을 담은 몸의 자세에 간단한 기도가 어우러지면 하나님을 기대하고 기다리기 시작하는 데 매우 큰 도움이 될 수 있다.

무언의 기도는 …… 겸손하고 단순하며 소박하다. 거기서 우리는 하나님께 대한 전적인 의존과 자신이 하나님 안에 있다는 의식을 경험한다. 무언의 기도는 '목적지로 가려는' 노력이 아니다. 우리는 이미 목적지, 즉 하나님의 임재 안에 와 있다. 다만 자신이 거기 있음을 충분히 의식하지 못할 뿐이다.

윌리엄 섀넌William Shannon, 『불타는 침묵Silence on Fire』

침묵 훈련을 처음 연습할 때 내가 하나님께 아뢸 수 있었던 가장 단순하고 진실한 말은 "제가 여기 있습니다."였다. 나는 많이 혼란스러웠다. 이런 기도 방식도 내게는 무척 생경한 것이었다. 그나마 내가 확실히 알았던 것은 하나님과 함께 있고 싶다는 것, 그분께서 나의 삶 속에 무슨 일을 하시든지 순순히 따르고 싶다는 것뿐이었다. "제가 여기 있습니다."라는 말에 이러한 나의 의지와 갈망이 가장 잘 담겨 있는 것 같았다. 손을 무릎에 펴놓고 앉아서 이 같은 단순한 기도로 시작하면 말 너머의 기도에 들어가는 데 도움이 되었다. 이것은 내게 있을 수 있는 의제를 다 버리고 하나님께 나아가겠다는, 또한 나의 노력을 그치고 무엇이든 하나님께서 주시려는 것을 받겠다는 그 **순간**의 나의 의지를 구체적으로 표현한 말이었다.

그 후로 하나님을 향한 그 순간의 나의 필요나 갈망을 정확히 담아낸 다른 단어나 어구들로는 "주 예수여, 오소서.", "주 예수 그리스도여, 저를 불쌍히 여겨주소서.", 또는 그냥 "도와주세요!" 등이 있었다. 무릎을 꿇거나 바닥에 납작 누워 있을 경우 하나님을 향한 나의 마음이 가장 잘 표현되는 때도 있었다. 이런 간단한 기도 문구와 몸의 자세는 침묵의 입구 역할을 할 뿐 아니라 잡념이 들 때 하나님께 경청의 자세를 유지하는 데도 좋다. 잡념이 찾아오면 자신을 판단하느라 기력을 허비할 것이 아니라 하나님께서 주신 기도 단어나 문구를 반복함으로써 가만히 본래의 갈망과 취지로 돌아오는 것이 최선이다.

정해 둔 침묵 시간이 다 되면 계속 시계를 살피지 않도록 타이머를 사용하는 것도 좋다, 자연스럽게 우러나오는 기도나 주기도문, 또는 다른 기도문으로 하나님께 감사를 아뢰고 마치면 된다.

침묵을 마친 후에는 "아무것도 얻은 게 없다."라든지 "하나님께서 내게 말씀하시지 않았다."라든지 "나는 이런 일에 숙맥이다."라는 식으로 무언가 실리적 기준으로 자신의 경험을 판단하려는 충동을 물리쳐야 한다. 고독과 침묵의 목적은 그냥 하나님과 함께 있는 것, 사랑하는 이들이 너무도 잘 아는 무언의 차원에서 그분과 교제하는 것임을 잊지 말아야 한다.

<연습>

이 과정은 고독과 침묵을 규칙적으로 자신의 삶에 통합하고자 각 요소를 정하는 단계이다. 실험과 숙고에 며칠 또는 몇 주가 걸릴 수도 있으므로 여기서는 특히 인내심이 필요하다.

1. 신성한 장소와 시간을 정한다.

규칙적으로 혼자 있을 수 있는 시간과 물리적 장소를 모두 탐색한다. 가급적 집이나 야외, 사무실에서 조용하고 수용적인 상태로 가만히 있을 만한 곳을 찾으면 좋다. 하나님의 임재라는 영적 실체를 의식하는 데 유익한 그곳에 가지고 가고 싶은 영적 상징물이나 물품이 있는지 생각해 본다. 자유로운 실험을 통해 유익한 것과 그렇지 않은 것을 잘 살펴 결국 자신에게 가장 좋은 시간과 장소를 찾도록 한다. 일단 그것이 정해지면 가족들이나 룸메이트에게 자신의 새로운 결심을 알리는 것도 좋다. 그러면 그들이 그 시간과 장소를 존중하여 당신이 하나님과 시간을 보내는 동안 방해하지 않고 피해 줄 수 있다.

2. 무난한 목표로 시작한다.

침묵이 처음 하는 연습일 경우 특히 그렇다. 말과 활동에의 의존도, 성격, 생활 속도 등의 요인에 따라 실제 침묵 시간을 10분, 15분, 20분 정도로 정하는 것이 현실적이다. 침묵의 역량이 커짐에 따라 언제든 시간은 늘릴 수 있다. 중요한 것은 시간의 양보다 꾸준한 연습이다.

3. 편안하되 약간 긴장된 몸의 자세를 취한다.

시작하기에 아주 좋은 자세는 다음과 같다. 곧 등받이가 곧은 편안한 의자에 허리와 어깨를 똑바로 펴고 앉되 너무 힘이 들어가지 않게 하고 가슴을 편다. 그리고 발바닥 전체를 바닥에 대고 손은 편안한 자세로 무릎에 둔다. 시간이 가면서 다른 기도 자세를 택할 수도 있으나아래 4번 참조 시작할 때는 이 자세가 좋다.

4. 자신의 열린 마음과 하나님을 향한 갈망을 표현해 줄 간단한 기도를 하나님께 구한다.

요즘 자신의 갈망이나 필요를 최대한 간략히 담아낼 기도 문구를 택한다. 호흡의 리듬에 맞추어 자연스럽게 기도할 수 있도록 6~8음절이 넘지 않는 것이 가장 좋다. 침묵에 들어갈 때, 그리고 잡념에 대처할 때 이 문구로 여러 번 기도한다.

잡념은 반드시 들게 마련이다. 잡념이 들면 하늘에 흐르는 구름처럼 그냥 지나가게 두면 된다. 그리고 정한 기도 문구를 반복함으로써 침묵 기도의 본 취지로 돌아간다. 하나님을 향한 당신 마음의 가장 진실한 갈망이 담겨 있는 동안은 계속 그 기도 문구를 사용하고, 영적 갈망의 표현에 도움이 되는 몸자세도 함께 취한다.

5. 하나님의 임재에 대한 감사 기도나 주기도문으로 침묵의 시간을 마친다.

6. 자신이나 자신의 침묵 경험을 판단하려는 충동을 물리친다.

침묵 시간의 취지는 당신의 상태와 무관하게 그냥 하나님과 함께 있으면서 모든 권한을 그분께 드리는 것이다. 침묵의 시간이 어떠했든 마땅히 될 대로 잘 되었다고 믿으면 된다.

3장

저항

> "침묵에서는 우리의 모든 일반적인 패턴들이 우리를 공격한다. ……
> 이것이 대부분의 사람들이 그렇게 빨리 침묵을 포기하는 이유이다.
> 예수님께서 성령님에 이끌려 광야로 나가셨을 때, 제일 먼저 나타난
> 것들은 야생 짐승들이었다."
>
> _리처드 로어Richard Rohr

어떤 면에서 엘리야는 운이 좋았다. 상황과 삶의 형편 때문에라도
어쩔 수 없이 고독에 들어갔기 때문이다. 이스라엘의 선지자로서 그
는 다양한 기적을 행하였다. 그중에는 그의 선지자 사역에서 정점이라
고 할 만한 것도 있었다. 그것은 이스라엘의 배교와 하나님을 등진 이
교 제사장들의 도전 속에서 이스라엘의 하나님만이 유일하신 참 하나
님임을 입증한 것이었다. 엘리야의 결투 신청을 받은 바알 선지자들은
단을 쌓고 송아지를 잡아 제물로 바친 뒤, '불로 응답하여' 제물을 태움

으로써 그들의 신이 진짜 신임을 입증해 달라고 목 놓아 그를 불렀다.

하지만 그들이 온종일 불러도 그들의 신에게서는 감감무소식이었다. 그때 엘리야가 여호와의 단을 수축하고 둘레에 도랑을 판 후 그 위에 송아지를 놓아 여호와께 제물로 바쳤다. 게다가 그는 세 차례나 단에 물을 부었다. 단 위로 흐르는 물은 도랑을 가득 채웠다. 그러고 나서 엘리야는 하나님을 불렀다. 그러자 하나님의 불이 내려와 단 위와 주변의 모든 것을 태우고 "도랑의 물까지 핥았다."

이스라엘 백성은 하나님의 임재 앞에 엎드려 여호와께서 참 하나님이심을 인정했다. 바알 선지자들 또한 그런 권능을 보고 간담이 서늘하여 달아나려 했으나 엘리야가 그들을 잡아 모두 죽였다.

그런데 열왕기상 19장의 엘리야를 따라가 보면, 사실 그는 영적, 신체적, 정서적 에너지를 그 대결에 쏟아 붓느라 기진맥진한 상태였음을 짐작할 수 있다. 결국 그는 이스라엘의 왕비에게 위험인물로 찍혀 목숨이 위태로워졌고, 이로 인해 깊은 두려움에 빠진다. 혼신을 다한 후에 흔히 찾아오는 심한 허탈감이 그를 덮친 것이다. 마침내 그는 한 그루의 로뎀 나무 아래에 쓰러지는 것 외에 할 수 있는 것이 아무것도 없었다.

물론 우리들 대부분은 아직 그 정도로 극한 상황은 아니다. 우리는 여전히 우리의 상황을 스스로 통제하기 위해 애쓰며 또 제법 잘 해내고 있다. 게다가 소음과 말 속에 계속 파묻혀 살아야 할 이유도 아직은 충분하다. 그러다 보니 설사 고독의 필요성을 확신한다 하더라도 막상 거기에 들어가려 하면 회의와 저항이 몰려오기 일쑤이다.

이 당황스런 역동을 나는 '밀고 당기기 현상'이라 부른다. 즉 고독의 필요성을 아무리 잘 이해하고 거기에 온통 마음이 끌리며 또 계획을 잘 세운다 해도 여전히 안팎으로 방해 세력들이 존재한다는 것이다. 내가 고독의 시간을 시작할 때면, 마치 비행기의 경착륙과 같을 때가 많다. 가령 승무원은 우스개를 섞어가며 이렇게 말한다. "승객 여러분, 미스터 추락 기장님과 저희 승무원들이 탑승구를 들이받아 '끽' 하고 비행기를 세울 때까지 좌석에 그대로 앉아계시기 바랍니다. 바퀴 연기가 걷히고 경고음이 울려 저희가 문을 열어 드릴 때 잔해 사이를 잘 뚫고 지나 청사로 가시기 바랍니다."

나처럼 삶이 시끄럽고 초고속인 경우에는 고독의 시작도 비행기가 쾅 부딪쳤다가 '끽' 멈추는 것처럼 느껴진다. 어느덧 내 주변으로 소음과 잡념의 연기가 피어나고, 다소 위험하던 순간이 지나 착륙하게 되면서 다행이라는 경고음이 울린다. 그러면 나는 외부 방해거리의 잔해를 뚫고서 비틀비틀 비행기에서 내려 그동안 나의 도착을 기다려오신 분, 내 몰골이 아무리 번개 맞은 것 같아도 사랑하시며 내가 집에 왔다고 마냥 좋아하시는 분의 임재 안으로 들어간다.

나는 하나님 품으로 달려들어 와락 안기고 싶지만, 내 손에 들려 있는 짐 가방들 때문에 엉거주춤하여 포옹이 어렵다. 내려놓고 싶지만 어디에 둬야 할지, 어떻게 해야 할지 알지 못한다.

이렇듯 고독으로 갈 때면 누구나 맡은 일에 대한 걱정은 물론 고독의 경험 자체에 대한 두려움이나 불안, 동경, 갈망 등 많은 것들을 지니고 간다. 붙들고 있는 것은 많은데 그에 따른 대처 방도를 모르면 자칫 고독에 들어가려는 노력이 수포로 돌아갈 수도 있다. 그래서 그것들에 주목하고 정리할 줄도 알아야 한다.

내게 밀고 당기기 역동이 하도 강해서 도무지 피할 수 없었던 때가 한 번 있었다. 그때 나는 시카고의 오헤어 공항에 앉아 워싱턴 행 비행기를 기다리고 있었다. 거기서 5일간의 고요한 수련회에 참석하기로 되어 있었다. 나의 지친 영혼은 가정생활, 사역의 결정과 책임의 요구에서 벗어나 한동안 누군가의 영성 지도에 자신을 맡기고 싶은 마음뿐이었다. 내가 그 수련회에 가장 마음이 끌렸던 부분은 36시간이라는 침묵의 안식이었다. 이는 그간 익숙해 있던 과잉 스케줄의 요란한 '수련회들'과는 상당히 다른 것이었다. 하지만 워낙 정신없는 삶에 치여 있던 나로서는 침묵이 가장 고대하던 과정이었다.

이 큰 계획을 용케 성사시켜 어렵사리 모든 책임에서 빠져나와 공항까지 왔지만, 정작 고독과 침묵에 들어가려고 생각하니 두려움과 염려가 복병처럼 밀려왔다. 정말 뜻밖이었다. 우선 뒤에 두고 온 관계들과 책임들이 걱정되었다.

하나님께 전념한답시고 정말 이렇게까지 완전히 손을 뗄 권리가 나한테 있을까? 나 없이 다들 잘 해낼까? 딸아이들의 삶에 큰일이라도 터져 엄마만이 해줄 수 있는 일을 못해 주면 어쩌나? 남편이 풀타임 직장 일에다 집안 살림까지 해낼 수 있을까? 내 일은 또 어떻고? 직업적으로 중대한 이 고비에 이렇게 완전히 비켜나 있어도 되는 건가? (당시 나는 바라던 직장에 들어가려고 면접 과정 막바지에 있었는데, 이번 출타로 5일 동안 그 과정과 완전히 단절되어야 했다.) 나는 휴대폰을 꺼두고 음성 메시지를 체크하지 않을 만큼 잘 훈련되어 있을까? 살짝 들어보고 급한 메시지에 응답하고 싶은 충동으로 마음이 산만해지지는 않을까? 돌아올 때 나는 얼마나 뒤처져 있을까?

이런 염려와 불안을 무조건 잘라내기는커녕 고스란히 의식하며 느끼고 있노라니, 문득 이렇게 질문해 보라는 하나님의 부드러운 초대가 느껴졌다. "그런 일들이라면 모두 내가 맡아줄 것을 너는 믿느냐? 너보다도 내가 너의 가족들과 친구들을 더 사랑하며, 네가 이렇게 시간을 내서 우리 관계에 주목하는 동안 내가 그들을 보살펴 줄 것을 너는 믿을 수 있느냐? 적어도 이 단기간 동안, 너의 직접적인 개입 없이도 내가 역사하여 네 삶에 나의 선한 뜻을 이룰 수 있음을 너는 믿느냐? 너 없어도 된다는 사실을 받아들이고 이 며칠만이라도 세상을 너 없이 돌아가게 둘 수 있느냐?"

하나님께서 부드러우셨기에 망정이지 그렇지 않았다면 나는 뻔한 질문들에 무척 창피했을 것이다. 염려를 하나님께 맡기라는 성경 말씀을 읽고 "능하신 주 오늘도 내 염려 넉넉히 돌보시네"라고 찬송하는 것과 실제로 모든 깊은 시름을 한동안 하나님의 손에 맡기고 그분께 전념하는 것은 전혀 다른 문제이다.

이렇게 내려놓기란 적잖은 도전이다. 때문에 우리 중에는 이를 위해 도움이 필요한 사람들도 많다. 사람들을 고독과 침묵의 초기 경험으로 안내할 때 나는 그 순간 그들 마음을 짓누르는 염려와 걱정거리들을 실제로 종이에 다 쓰게 한다. 그리고는 종이를 '위탁'이라고 적힌 봉투에 넣어 한쪽으로 치우게 한다. 고독으로 들어가는 동안 그런 일들을 하나님의 소관으로 넘긴다는 구체적인 상징인 셈이다. 이런 구체적인 행동에 힘입어 그들은 지고 온 짐을 실제로 내려놓고 하나님의 품에 안길 수 있게 된다.

이렇게 염려와 걱정거리를 하나님의 소관에 넘기고 나면 이번에는 더 교묘한 염려 앞에 주춤하고 놀라게 된다. 그것은 바로 고독의 경험에 대한 두려움이다. 수련회 장소로 날아가려고 공항에 앉아 기다리는 동안 나를 가장 놀라게 한 것이 그것이었다. 내가 열심히 계획한 일이고 또 단기간의 고독과 침묵에 꽤 경험이 있는 나였는데도, 기간이 길어지니 꼭 미지의 세계에 위험하게 발을 들여놓는 심정이었다. 복병처럼 숨어 있던 생생한 두려움은 정말 뜻밖이었다. 공포에 휩쓸리지 않을 방도를 찾다가 나는 일기장을 꺼내 두려움을 그대로 적었다.

이번 일을 얼마나 고대해 왔던가. …… 그런데도 지금 무섭고 불안한 것들이 이렇게 많으니 웃긴다. 무엇보다 침묵이 가장 두렵다. 내가 잔잔히 가라앉을 수 있을지……. 내면의 어떤 모습에 맞닥뜨리게 될지 모르니까.

지루하여 안절부절못하고 허둥댈까봐 두렵다.

집에 가고 싶은데 갈 수 없을까봐 두렵다.

사람들이 고리타분할까봐 두렵다뭔가 재미있고 자극이 되는 사람들한테 중독된 내 모습이 벌써부터 보인다.

운동 부족으로 나른하고 우울해질까봐 두렵다.

하나님의 지적을 듣고도 그에 따르는 모험이 너무 커서 순종하지 못할까봐 두렵다.

다 내려놓고 운명이 나의 직접적인 개입 없이 펼쳐지도록 내버려두기가 두렵다. 할 일 없이 따분할까봐 두렵다.

마냥 두렵다. 믿어지지 않는다.

멋진 모습은 아니지만 사실이었다. 이미 항공료를 지불하고 짐을 부치지 않았다면 그냥 집으로 돌아왔을지도 모른다.

두려움을 무시하지 않고 경청하면 고독과 침묵에 대한 자신의 의식 및 무의식의 저항을 깊이 깨달을 수 있다. 우선 고독과 침묵은 우리를 평소의 산만한 것들, 곧 내면세계에 닿지 못하게 막는 것들에서 벗어나게 한다. 인간은 대부분 심리적으로 평소의 산만한 것들에서 벗어나면 그간 외면해 온 실체를 접할 수 있게 된다. 달라스 윌라드는 이렇게 말한다.

고독이 두려운 까닭은 그 무엇과도 달리 우리를 벌거벗겨 삶의 냉엄한 실체 앞에 내던지기 때문이다. 고독은 우리를 이 세상에서 갈라내어 하나님과 나만 남기는 죽음을 연상시킨다. 고요한 순간, 하나님과 나 사이에 아무것도 남는 것이 없다면 어찌할 것인가?

고독과 침묵에 들어간다는 것은 나의 권한이 없는 영역에 들어서는 것이기도 하다. 특히 침묵 연습은 영적 삶의 주도권이 하나님께 있다

하나님께서는 아침 해처럼 때가 되면 오신다. 우리는 자신이 창조주가 아니라 피조물이라는 사실을 받아들이고 기다리는 자세를 취해야 한다. 그 밖의 무엇도 우리 권리가 아니므로 그래야만 한다. 주도권은 우리에게 있지 않고 하나님께 있다. 우리는 아무것도 주도할 수 없다. 그저 받아들일 뿐이다.

카를로 카레토Carlo Carretto, 『오시는 하나님The God Who Comes』

는 사실을 존중한다. 곧 하나님께서 그분의 시간에 그분의 방법으로 나의 삶을 불러내시는 것이다. 침묵과 고독을 통해 우리는 자신에게서 통제의 중독을 대면하게 되지만, 다른 한편으로 거기에는 초대도 있다. 그것은 붙잡고 있는 것을 내려놓고 모든 권한을 하나님께 넘기라는 초대이다.

가장 깊고 표현하기 어려운 두려움은 아마도 우리의 권한 밖에 계신 하나님께서 우리가 바라는 방식대로 우리를 만나주시지 않으면 어쩌나 하는 두려움일 것이다. 때로 이 두려움은 다음과 같은 의문으로 표출되기도 한다. 즉 "나만 있고 하나님께서 나타나시지 않으면 어떻게 하지? 물론 하나님께서는 엘리야나 모세 같은 사람들에게는 나타나셨지. 그리고 신령한 신비주의자 같은 사람들에게도 나타나실 수 있지. 하지만 나한테도 나타나실까?" 이러한 두려움은 말로 표현될 수도 있지만, 딱히 집어낼 수 없는 모호한 두려움이나 불안감으로 나타날 수도 있다. 그래서 우리는 '남들한테는 다 통해도 나한테는 통하지 않을까 봐' 두려워 고독과 침묵의 문간에서 머뭇거린다.

염려와 걱정거리를 인정하면, 그것이 곧 '현실'을 하나님께 맡기라는 초대가 된다. 또한 깊고 깊은 두려움을 인정하면, 그것이 곧 자신과 마음, 영혼, 동경 그리고 그 동경이 채워지지 않을지도 모른다는 두려움을 하나님께 맡기라는 도전이 된다. 사실 이것은 힘든 작업이다. 모든 깊어가는 관계에는 궁극적인 귀결점이 있다. 그것은 어느 한쪽에서 믿음으로 도약해 자유낙하를 해야 하는 시점이다. 이것이 곧 친밀함인데, 이는 그 관계가 충분히 중요하고, 상대방에게 내 마음을 걸 만한 가치가 있다고 단정 짓는 시점이기도 하다. 우리는 깨어지기 쉬운 사랑으로 모험에 나서게 된다.

여기 내가 있습니다. 당신과 더 깊은 관계로 들어갈 각오와 준비를 하고 나의 온 마음과 영혼과 뜻과 몸으로 여기 있습니다. 당신께 나를 내어드리고 당신을 기다리겠습니다. 결과를 통제하기 위해 내가 할 수 있는 일은 아무것도 없습니다. 당신의 반응을 강요하거나 나한테 맞추기 위해 할 수 있는 일도 없습니다. 내가 할 수 있는 일이란 다만 나를 내어놓고 기다리는 것뿐입니다.

이것은 분명 두려운 자리이다. 그러나 꼭 필요한 자리이다.

고독에 들어갈 때 자신의 두려움을 선뜻 인정하면, 하나님께서 그 임재 가운데 우리를 다독여 주실 수 있는 길이 열린다. 밤중에 깨서 두려워 떠는 아이를 엄마가 사랑의 임재로 위로해 주는 것과 같다. 또 두려움을 인정하면 그 두려움의 껍질이 결국 벗겨져 그보다 더 진실한 것, 즉 하나님에 대한 우리의 갈망이 드러날 수 있다. 이 갈망은 두려움의 이면이다. 다시 말해, 우리의 두려움 밑에 갈망이 꿈틀대고 있는 것이다. 곧 하나님께서 만나 주시기를 바라는 갈망, 느끼고 알 수 있는 방식으로 하나님의 손길을 경험하고 싶은 갈망, 전적인 신뢰와 위탁으로 하나님께 드려지고 싶은 갈망이다.

그런데 그리스도인들 가운데는 이런 자신의 갈망을 좀처럼 인정하지 못하는 사람들이 많다. 그리스도인들은 갈망을 나쁘게 보고 의심하는 경향이 있다. 잘 통제가 안 되기 때문이다. 갈망이란 잦아든 모닥불 같지만 산불을 일으켜 온 산을 태울 수도 있다는 것이다. **"갈망을 일부러 느끼다가 걷잡을 수 없게 되면 어떻게 하나? 그래서 얻을 수 없는 것을 갈망하기 시작한다면? 채워지지 않은 갈망의 아픔을 안고 어떻게 살아갈 것인가?"**

원하는 것들을 받거나 받지 못했던 각자의 경험에 따라 마음의 간절한 소원을 얻지 못할지도 모른다는 고질적인 두려움이 우리 안에 도사리고 있을 수 있다. 물론 얻으리라는 확신도 없이 무언가를 바란다는 것은 두려운 일이다. 그것이 하나님의 임재처럼 우리의 삶에 필수적인 것일 때는 특히 더하다. 마음에 바라는 것을 얻지 못할지도 모른다는 두려움 때문에 무의식중에 자신의 갈망을 멀리하는 사람들이 우리 가운데 많이 있다. 그럼으로써 채워지지 않는 아픔을 미연에 방지하는 것이다.

그러나 사실 갈망이란 영적 삶의 심장에서 솟구치는 선혈과도 같다. 인정하지 않을지 몰라도 하나님을 향한 갈망은 당신의 가장 진실하고 본질적인 부분이다. 당신의 죄, 상처, 순자산, 결혼 여부, 그 외의 어떤 역할이나 책임보다도 당신의 갈망이 더 진실하다. 하나님을 향한 갈망과 인간 영혼으로서 하나님과 소통할 수 있는 역량이야말로 당신이라는 존재의 본질이다.

그러나 그보다 더한 진실이 있다. 그것은 당신이 하나님을 향한 갈망을 인식하기도 전에 하나님께서 당신을 갈망하셨다는 것이다. 하나님께서는 당신을 지으실 때부터 당신에게 그분을 향한 갈망을 주셨고, 그 갈망이 당신의 모든 세포 안에서 신음하며 사모하게 하셨다. 우리가 하나님을 사랑함은 하나님께서 먼저 우리를 사랑하셨기 때문이다. 우리가 하나님을 갈망함은 하나님께서 먼저 우리를 갈망하셨기 때문이다. 우리가 하나님께 나아감은 하나님께서 먼저 우리에게 다가오셨고, 우리를 하나님을 갈망하는 존재로 지으셨기 때문이다. 하나님을 향한 우리의 갈망 한복판에 우리를 향한 그분의 갈망이 사랑과 동경으로 고동치고 있다. 갈망을 느낄 때 우리는 사실상 하나님께 반응하고 있는 것이다. 하나님께서 우리 안에서 이미 주도하셨기 때문이다. 비록 하나님을 향한 갈망이 내게서 기원된 것처럼 느껴질 수 있지만, 사실 하나님을 향한 우리 갈망의 기원은 우리를 향한 하나님의 갈망이다.

이 같은 갈망의 의식을 잘라낼 때, 우리는 바로 자신이 구하고 있는 친밀함으로 가자는 하나님의 초대를 잘라내는 것이다. 우리를 곧잘 혼란에 빠뜨리고 생각을 어지럽게 만드는 원인 중 하나인 갈망은 이렇듯 우리가 고독의 문으로 들어설 때 품고 가야 하는 한 부분이다. 갈망을 살필 줄 모르면 우리는 정작 주목해야 할 때 오히려 그것을 제쳐두거나 무시하는 어리석음을 범할 수 있다. 따라서 우리는 갈망을 꼭 붙들고 잘 살려내어 영적 여정의 길잡이와 추진력으로 삼아야 한다.

두려움과 저항의 커튼을 걷어내면 영적 추구에서 가장 확실한 길잡이인 우리의 갈망, 곧 순수하고 적나라하게 떨리는 갈망이 남는다. 결

우리의 하나님 추구는 마음의 열망을 살필 때 시작될 수 있다. 자신과 세상을 향한 우리의 진실한 희망 속에 성령님께서 계시된다. …… 갈망이란 여성 전체를 움직이는 연료와 같다. …… 하나님과 다른 사람들과 우주와 더불어 열애를 나누려는 갈망의 불꽃이 얼마나 환히 타오르고 있는가? 하나님을 갈망하고 구하는 것이 언제라도 선택할 수 있는 길임을 우리는 알고 있는가?

엘리자베스 드라이어Elizabbeth Dreyer, 『천국으로 가득한 땅Earth Crammed with Heaven』

국 인간의 영혼은 자기가 가장 바라는 것을 선택하게 마련이다. 없는 것을 바라는 이 경험을 밀고 나갈 용기만 있다면, 우리는 모든 갈망 밑에는 하나님과 사랑과 참된 소속을 향한 갈망이 있음을 발견하게 될 것이다.

이런 점에서 고독이란 곧 갈망의 문제이다. 서로를 애타게 갈망하여 마침내 신뢰와 친밀함, 막힘없는 표현으로 도약하는 연인들과 같다. "내 모든 것을 다시 조정해서라도 너와 함께 있고 싶으니 우리 서로 만나자."라고 말하는 친구들과 같다.

워싱턴으로 가는 길에서 내 안의 두려움을 듣고 껍질을 벗긴 후 마음을 가라앉히니, 그 모든 것 밑에 있는 갈망이 보였다. 침묵의 시간을 앞두고 나는 이렇게 쓸 수 있었다.

큰 기대를 가지고 침묵에 들어가자. 안식의 기대, 그리고 사랑하는 친구와 오래오래 함께 있는 것처럼 하나님과 깊은 교제 가운데 함께 있게 될 기대. 하나님의 임재를 그렇게 느끼면 기분이 좋아진다. …… 요즘 나의 열망은 두 가지이다. 하나는 하나님의 음성을 듣고 싶다는 것이다. 어디든 따라갈 수 있을 만큼 정말 똑똑히 듣고 싶다. 하지만 다른 하나는 해방과 자유에 대한 열망이다. 나는 비교적 자유로운 시기를 보내 왔지만 최근 들어 또 다시 수

치, 두려움, 욕구, 애착, 흥분, 중독에 구속받고 있음을 느낀다. 모험을 취하기는 하지만 전심은 아니다. 전후와 도중에 겪는 씨름이 대단하다. 그런 고뇌에 소요되는 정서적, 신체적 에너지가 너무 많다. 해방되고 싶다. 그래서 자유롭고 힘차게, 내 안에 계신 하나님에 대한 확신을 가지고 삶에 임하고 싶다.

고독과 침묵의 기간 동안 나의 길잡이가 되어준 것은 갈망이었다. 갈망은 우리의 마음이 구하는 더 깊은 친밀함으로 우리를 부른다. 고독으로 들어간다는 것은 자신의 갈망을 듣는 것이다. 그 갈망이 시간을 두고 구체화되고, 초점이 잡히며, 명확해지도록 두는 것이다. 요즈음 당신의 갈망이 하는 말은 무엇인가? 당신은 그것을 듣고 있는가?

<연습>

고독과 침묵으로 들어갈 때, 당신이 경험하게 되는 밀고 당기기 현상을 잘 살핀다. 당신 안에 저항resistance-고독에서 밀어냄과 갈망desire-고독으로 당김이 동시에 작용하는 것으로 보인 때는 언제인가? 지금 현재 보이는 것은 무엇인가?

고독 중에 온전히 하나님 앞에 있고자 당신이 하나님의 소관에 맡겨야 할 염려와 걱정거리는 무엇인가? 관련된 감정들과 더불어 그것을 표면에 떠올린다. 그리고 그 내용을 일기장이나 다른 종이에 적는다. 그 후 기도로 그것을 하나님께 넘긴다. 종이를 봉투에 넣어 한쪽에 제쳐두는 등의 상징적인 몸짓을 사용해도 좋다. 고독에 들어가는 절차의 일부로서, 염려와 걱정거리를 넘기는 습관을 들이는 기분이 어떤지 살핀다. 이것을 매번 연습에 적절하게 포함시키는 것이 좋다.

요즈음 고독의 경험에 대해 두려움이나 불안이 보이는가? 고독과 침묵에 더 깊이 들어가려는 노력에 두려움이 방해하는 것이 의식된 때는 언제인가? 단어나 문구나 그림이나 이미지를 사용함으로써 하나님께 두려움을 표현한다. 두려움과 싸우느라 에너지를 낭비하지 않는다. 무서울 때 엄마의 도움으로 위로받는 아이처럼 그냥 두려움을 하나님의 임재 안에 둔다. 그리고 하나님의 응답을 듣는다.

요즈음 당신의 갈망은 어떻게 느껴지고 들리며 보이는가? 갈망을 버리지 않고 계속 품고 있기가 얼마나 쉬운가? 아니면 얼마나 어려운가? 당신이 늘 가고 싶었던 곳으로 당신을 데려갈 수 있도록, 갈망을 당신의 가장 진실한 부분으로 소유하고 말하며 주장할 용기가 있는가? 하나님의 임재에 대한 감사 기도나 주기도문으로 침묵의 시간을 마치고 하루의 다음 일과로 넘어간다.

4장
위험한 피로

"우리는 쉬지 않기 때문에 길을 잃는다. …… 좋은 것들은 오직 끊임없는 결단과 지치지 않는 노력으로만 이룰 수 있다는 최면에 걸린 믿음에 중독될 경우, 우리는 결코 참된 쉼을 얻을 수 없다. 그리고 그런 쉼의 부족은 우리의 삶을 위험에 처하게 한다."

_웨인 뮐러Wayne Muller

엘리야처럼 절박감에 떠밀려 고독에 들어갔든 아니면 자원하여 들어갔든 일단 고독의 장소에 도착한 후에 벌어지는 일들에서 당신은 당황할 수도 있다. 가령 당신은 기도하려다가 잠들 수도 있고, 성경을 읽지만 집중이 안 될 수도 있다. 잠시 눌러앉아 쉬고 싶은 데도 그러한 몸의 욕구를 애써 떨쳐버리려 할 수도 있다. 고독이 별로 매력 없다는 생각에 약간 환멸이나 냉소마저 느낄 수도 있다. 개념만 떠올려도 피곤한 기분, 무언가에 끌리기보다는 억지로 하고 있다는 기분이 들 수도 있다. 고독으로 들어가는 것이 **하고 싶은** 일이 아니라 또 하나의 **해야만 하는** 일로 느껴진다. 그럴 때는 본능적으로 자신의 집중력 부족이나 훈련 부족을 탓하고 싶을 수 있지만, 엘리야처럼 그냥 실상을 보고 있는 그대로 놔두는 편이 훨씬 낫다.

엘리야가 고독과 침묵에 들어가 처음 부딪쳐야 했던 것은 자기가 모든 면에서 몹시 피곤하고 고갈되어 있다는 점이었다. 사실 그는 제대로 부딪쳐 보지도 못하고 그냥 무너졌다. 그는 로뎀 나무 아래 드러누워 잠들었다. 그런 그를 지적으로나 영적으로 다루는 것은 하등의 도움이 되지 않을 것이었기 때문에, 하나님께서는 애초 그런 일에 시간을 허비하시지 않았다. 그보다 하나님께서는 먼저 엘리야의 지치고 고갈된 몸부터 다루셨다. 즉 그냥 잠자게 두신 것이다. 그러다 먹고 마실 때가 되자 엘리야를 깨워 음식과 물을 주시고는 또 자게 하셨다. 그 뒤에도 이런 과정이 되풀이되었다.

이 같은 엘리야의 경험은 내게 늘 큰 위안이 된다. 고독과 침묵의 여정을 떠날 때 내게도 한 그루의 로뎀 나무가 필요했다. 뼛속까지 스며든 피로에 굴복할 수 있는 곳, 피로가 내 삶에 대해 말해 주는 것을 들을 수 있는 곳이 필요했던 것이다. 놀랍게도 나의 영적 스승이 맨 먼저 살피게 해준 것 가운데 하나도 나의 몸 상태였다. 그녀와 나는 먼저 내가 무엇을 먹고 마시고, 잠은 얼마나 자고 있고, 운동은 얼마나 하고 있는지에 대해 이야기했다. 이것은 여호와의 천사가 엘리야에게 해준 일과 여러모로 비슷했다.

하나님 안에서 쉬면서 내 안에 소생과 돌봄이 필요한 부분들을 그분께 열어드릴 길을 찾으려면, 내게도 엘리야와 똑같은 지도가 필요했던 것이다. 엘리야처럼 나 역시 너무 피곤하고 지쳐 있어 하나님은커녕 아무것도 찾을 수 없었기 때문이다. 나는 고독을 위해 스케줄을 비우기가 어려워 좌절하기도 했고, 계획해 놓고도 정작 가지 못한 때가 많아 민망하기도 했으며, 막상 가더라도 너무 피곤하여 낙심되기도 했다. 고독의 기간 동안 나는 피로감과 싸우려고 무언가 '생산적인' 듯한 일에 매달렸다. 가령 성경도 읽고 일기도 쓰며 매우 심오한 사상에 대해 묵상도 했다.

결국 엘리야의 이야기가 나를 초대한 곳은 피로와의 싸움을 멈추고 하나님의 임재 안에서 피로에 굴복하는 것이었다. 피로를 무시하거나 이겨 보려던 모든 노력이 전혀 해답이 아니었음을 나는 인정해야 했다. 물론 '해내야만 한다'라는 끈질긴 당위감에 이끌려 괴력을 발휘할 때도 있었다. 하지만 언제나 그런 노력 바로 이면에는 피로와 낙심이 도사리고 있어 이내 환멸과 포기의 유혹에 걷잡을 수 없이 빠져들었다. 하지만 엘리야의 경험이 보여주듯이 하나님께서는 그런 피로와 환멸의 한복판에서도 기꺼이 나를 만나주셨다. 사실 내게 항복 의지가 있어야 하나님께서 들어오셔서 아주 실제적이고 개인적인 방식으로 도우실 기회가 열리는 것 같았다. 그래서 나는 피로를 그대로 두고 하나님께서 하시는 일을 볼 마음이 생겼다.

· · · · · ·

우리가 맨 먼저 채워야 할 부분도 피로fatigue와 고갈depletion일 수 있다. 고독으로 들어가는 여정에 대한 동기 부족이나 졸음은 수치나 낙심의 원인이 아니라 적절한 피로의 증상일 수 있다. 즉 평소에 몹시 피곤해 있다가 고요한 고독 속에서 긴장이 풀어지니 그 피로가 확연히 느껴지는 것이다. 어쩌면 당신은 피로감에 너무 익숙해진 나머지 어느새 그것을 **정상으로** 알고 살아왔을 수 있다.

피로 자체는 물론이고 여기에 약간의 죄책감이 더해질 수도 있다. 즉 삶이 잘 정돈되어 있거나 신앙이 더 좋다면 피로도 없을 거라고 생각하는 것이다. 그러나 고독과 침묵의 시간은 판단하는 시간이 아니라 보는 시간이다. 주어진 순간에 자신의 참 모습을 보고, 그 본 것들을 가지고 하나님의 임재 안에 머무는 시간이다. 다시 말해 고독은 자신이 얼마나 피곤한지를 보고 하나님의 임재 안에 쉬라는 그분의 초대를 듣는 시간이다.

평소에 우리가 할 수 있는 가장 영적인 일은 정신이 맑아야 할 때 맑아질 수 있도록 좀 더 쉬는 것이 아닐까. 우리는 고독의 시간을 기회로 하나님 안에서 쉴 수 있다. 나 역시 장시간의 고독을 틈타 적어도 한 차례 낮잠을 자곤 하는데, 그렇게 하나님 안에서 쉬노라면 그분의 기쁨과 돌보심이 느껴지곤 한다. 하나님과 둘만의 시간을 가질 때 쉼을 잘 배합하면 아주 깊은 소생을 맛볼 수 있다.

나는 노곤함과 피로를 보다 유심히 살피면서 적어도 두 가지 종류의 피로가 있음을 배우게 되었다. 하나는 '좋은 피로'이다. 이것은 업무를 잘 마쳤거나 혼신을 다하여 과업을 성취한 후에 느끼는 피로이다.

우리가 일과 쉼의 건강한 리듬 속에서 살고 있다면 피로는 일시적인 상태일 뿐이다. 알다시피 피로가 와도 적당한 시간 쉬고 회복하면 곧 컨디션이 좋아진다.

그러나 이와 달리 좋지 않은 피로도 있다. 곧 '위험한 피로'이다. 이것은 한동안 열심히 뛰며 일한 뒤에 오는 일시적인 피로보다 더 깊고 심각하다. '좋은 피로'와 '위험한 피로'의 차이는 봄철에 무해한 비구름을 형성하는 기상 조건과 돌풍이 불듯 하늘에 음산한 먹구름이 덮이는 기상 조건 사이의 차이와도 같다. 하늘에 먹구름이 끼면 우리는 정확하지는 않더라도 어딘가 심상찮은 조짐이 느껴지고, 그래서 조심해야 함을 안다. 그런데 어떤 기상 조건은 정상적이고 예측 가능한 반면, 어떤 기상 조건은 위험하고 종잡을 수 없다.

위험한 피로는 종잡을 수 없는 대형 사고를 예고하는 영혼의 기상 조건이다. 이것은 몇 달씩 쌓여 온 내면의 만성 피로이다. 하지만 항상 몸의 탈진으로 나타나는 것만은 아니다. 오히려 그것은 과잉 활동과 강박적 과로의 탈을 쓰고 나타나기도 한다. 그래서 위험하게 피로할 때 우리는 오히려 자제력을 잃고 자신도 모르는 내면의 충동에 이끌려 끝없이 활동에 매달리게 된다. 알 수 없는 이유로 우리는 느긋하고 여유 있게 커피 한 잔도 제대로 마실 수 없다. 사무실을 나가거나 밤에 잠들기 전에 '한번만 더' 음성 메시지나 이메일을 체크해야만 직성이 풀린다.

청소나 수리, 업무를 좀처럼 멈추지 못한다. 그 결과 저녁 때 산책을 나가거나 말없이 사랑하는 이들 앞에 앉아 있는 일은 요원하기만 하다. 단순히 읽는 즐거움을 위한 독서가 아니라 '최신 상황'을 알려고 침대 맡에 책이나 전문 잡지를 쌓아 두고는 머릿속에 정보를 우겨넣는다. 한번쯤 일주일에 하루 휴가를 낸다는 생각은 이론으로나 실제로나 거의 불가능하다. 월차나 휴가를 내는 일도 지극히 드물고, 매우 가끔 갖는 휴일과 휴식 시간에도 일손을 놓지 않는다. 그러니 마땅히 자거나 쉬어야 할 때도 긴장을 풀 줄 모르고, 안식이라는 요긴한 선물을 받을 줄도 모른다.

이런 식의 삶이 대단해 보일지도 모르지만, 사실 이런 정신없는 활동은 주변 사람들마저 정신없게 만든다. 설령 그에게 자유 시간이 생겨도 그는 강박적 과식, 음주, 소비, 텔레비전 시청 등 도피적인 행동으로 빠져들 뿐이다. 정말 삶을 풍요롭게 해주는 활동을 선택하기에는 너무 피곤하기 때문이다.

위험하게 피곤할 때는 인간의 여러 다양한 감정에 둔감해질 수 있다. 한편으로는 사람의 힘을 빼놓는 부정적인 감정에 둔한 것이 다행으로 보일 수도 있지만, 이 상태에서는 긍정적인 감정도 잘 느껴지지 않는다. 위험하게 피곤하면 좋거나 나쁘거나 별 느낌이 없다. 장시간 멈추어 자신의 기분을 느끼다가는 괜히 원치 않는 감정들, 즉 과거나 현재의 상실에 대한 슬픔, 자신의 삶이나 성품에서 구제불능인 것 같은 부분에 대한 절망, 자신의 길인 줄 알면서도 그 길을 택하지 못하는 무력감, 채워지지 않은 갈망과 소원 등에 휩싸일 것 같은 생각이 마음 한 구석에 있다. 이 같은 자신의 영혼의 어두운 곳에 들어갔다가 다시는 나오지 못할지도 모른다는 두려움도 있을 수 있다.

나는 피곤에 귀 기울이고 하나님의 섬김을 받으면서 매우 냉엄한 진실을 배울 수 있었다. 곧 위험하게 피곤할 때는 몹시 바쁘고 또 대단히 중요해 보이는 것 같지만, 정작 나를 사랑하시는 분의 고요하고 확실한 음성은 들을 수 없다는 것이다. 그리고 그로 인해 나는 내 존재의 한가운데에 있는 그 곳, 즉 하나님 안에서 내가 누구인지 아는 곳, 어떤 삶으로 부름 받았는지 아는 곳, 다른 모든 목소리보다 그분의 목소리에 반응하는 곳을 놓치게 된다. 반면 나는 온갖 외부 세력에 휘둘리며, 다른 사람들의 기대와 나 자신의 강박에 놀아나게 된다. 또한 내면의 결핍에 따른 정신없는 활동들 가운데서 더욱 더 깊은 차원의 고갈로 치닫게 된다.

· · · · · ·

혹시 지금 당신도 위험한 피로에 근접하고 있거나 이미 선을 넘어섰다고 느낄지도 모른다. 이는 분명 괴로운 자각이다. 하지만 그렇다고 자신을 판단하고 질책하기보다 그 자각을 음미한다면, 곧 맑은 머리로 하나님께 집중해 기도하는 것을 어렵게 만드는 피로를 눈여겨본다면 어떻게 될까? 자신의 피곤에 대해 잠시 의문을 가져본다면 어떻게 될까? 기도하다 잠들거나 고독에 관심이 부족하다고 자신을 비난하지 말고 오히려 지친 자신을 **긍휼히 여기고** 자유롭게 둔다면 어떻게 될까? "와, 난 정말 피곤하구나. 이렇게 피곤한데도 모르고 살았네. 어떻게 된 걸까?"

어떻게든 달아나려 하기보다 하나님의 임재 안에서 자신의 피로에 대해 그분과 대화하기로 한다면 어떻게 될까? 어린아이가 보살펴주고 도와주는 부모에게 속마음을 다 털어놓듯 자신의 피로를 솔직히 인정하면서 말이다. 불가능해 보이는 상황에 짓눌려 외로워하는 대신, 이런 기도로 하나님을 초대한다면 어떻게 될까? "사랑하는 하나님, 이 피로가 저의 진실한 모습입니다. 이제 우리는 어떻게 해야 할까요?"

이렇게 솔직하게 자신의 내면을 들여다본 후 하나님께 여쭈면, 그분께서 연약한 우리를 만지고 보살피시는 기회가 열린다. 엘리야의 이야기가 가르쳐 주듯이 만일 우리가 몸과 마음과 영혼을 쉬게 하지 않는다면, 고독과 침묵의 여정은 십중팔구 무리일 것이다.

⟨연습⟩

아래의 연속선상에서 자신이 어디에 해당되는지 침묵 가운데 숙고해본다.

회복되어 활력이 넘치는 상태	좋은 피로 상태	위험한 피로 쪽으로 가고 있는 상태	위험한 피로로 완전히 넘어간 상태

연속선상에서 자기 자리를 찾았을 때, 급히 문제를 고치거나 해결하려 하지 않는다. 대신 시간과 공간을 내서 자신의 진실한 모습을 본다. 그리고 기도로 하나님을 이 순간 가운데 초대한다. "하나님, 이것이 제 진실한 모습입니다. 이제 우리는 어떻게 해야 할까요?"

지금 이 순간 자신과 함께 계시며 자신을 사랑하시고 긍휼을 베푸시는 하나님을 충분히 느낀다. 그리고 자신에게 주시는 예수님의 말씀을 듣는다. "수고하고 무거운 짐 진 자들아 다 내게로 오라 내가 너희를 쉬게 하리라"마11:28. 이 말씀이 지금 이 순간 어떻게 다가오는가? 필요한 안식을 얻는 것이 가능하다고 믿는가?

자신에게 필요한 것을 하나님께 아뢴다. 그리고 지금 하나님께서 자신에게 하시려는 말씀을 듣는다.

5장
몸의 안식

"내가 내 영혼으로 고요하고 평온하게 하기를 젖 뗀 아이가 그의 어머니 품에 있음 같게 하였나니"

_시편 131편 2절

우리 상태가 어떠하든 고독은 우리에게 하나님 안에서 쉴 수 있는 기회를 준다. 엄마 품에 쉬면서 흡족해하는 아이의 모습에서 이러한 쉼을 볼 수 있다. 원치 않는 피곤에 찌든 우리 모두에게 이것은 정말로 기쁜 소식이다.

우리가 대체로 잘 쉬고 그래서 원기 왕성한 상태라도 고독을 통해 그런 건강한 상태를 유지하는 데 도움을 얻을 수 있다. 오늘날과 같이 요구하는 것이 너무 많은 세상에서는 이것이 결코 작은 일이 아니다. '좋은 피로' 상태에 있는 사람은 꾸준히 고독을 연습함으로써 자기도 모르게 '위험한 피로' 상태에 빠지는 것을 방지할 수 있다. 설령 '위험한 피로' 상태에 있는 사람이라도 일상생활의 리듬 속에서 연습하는 고독과 주기적으로 장시간 연습하는 고독을 병행함으로써 건강을 되찾을 수 있다. 그러나 엄밀히 말해 하나님께서는 물리적으로 우리 곁에 계시지 않고, 또 젖먹이 아이와 우리는 너무나도 다른데, 정확히 어떻게 하나님 안에서 우리가 쉴 수 있단 말인가?

젖먹이 아이의 이미지에서 알 수 있듯이, 고독의 시간에 하나님 안에서 쉬는 법을 배우려면 우선 우리의 몸에서 시작해야 한다. 아기를 생각할 때면 내 삶에서 미숙하고 부족했던 엄마 시절이 떠오른다. 나의 큰딸 채리티Charity가 태어날 때 나는 겨우 스물두 살의 나이로, 그 책임의 무게에 다소 기가 죽었다. 나는 딸에게 가장 좋은 것만 주고 싶었고, 그러려면 모유를 먹여야만 할 것 같았다. 나는 모유에서 연상되는 모성적 어머니상과는 거리가 멀지만 그래도 이것이 나와 아기에게 좋은 선택임을 알았고, 그래서 모유를 먹였다. 그러면서 모유가 좋은 실제적인 이유를 차츰 알게 되었다.

채리티는 참을성이 없고 자기주장이 아주 강한 아이였다. 늘 자기가 가고 싶은 곳이 따로 있어 누가 안고 있든지 품을 벗어나려고 몸을 꼼지락거렸다. 예쁜 아기를 안고 얼러주고 싶은 마음뿐인 나로서는 그것이 못내 실망스럽고 속상했다. 대개 아기를 안고 평화롭게 있을 수 있는 시간은 젖을 먹일 때뿐이었다. 하지만 어떤 때는 수유도 힘들었다. 아무리 배가 고파도 아기가 얌전히 젖을 먹지 않고 울면서 버틸 때가 있었기 때문이다. 그런데 그러다가 얌전해지면 이번에는 너무 죽자 살자 젖 먹는 일에만 매달려 역효과가 나기도 했다.

나와 아기가 함께했던 최고의 시간은 일이 끝나고 필요가 채워진 수유 직후의 순간들이었다. 아기의 몸은 완전한 평화와 신뢰 속에서 내 몸에 안겨 쉬었다. 마음과 마음, 살갗과 살갗이 맞닿는 친밀함으로 우리는 깊은 체험적 차원에서 사랑을 주고받았다. 아기의 시선은 골똘히 내 시선에 고정되었다. 아기는 온전히 나와 함께 있었고, 우리는 이심전심으로 서로를 경험했다. 말로 표현 못할 차원에서 가장 절실한 필요를 주고받았다. 그렇게 완전히 느긋한 상태에서 아기는 그토록 요긴한 쉼에 들어갈 수 있었고, 나는 더없이 만족스럽게 아기와 함께 있을 수 있었다. 시편 기자가 시편 131편에서 말하고 있는 것이 바로 그런 순간이다.

엄마가 아기에게 젖을 먹인 후 평화롭고 고요한 교감의 순간을 기대하듯이, 하나님께서도 우리와 그런 순간을 갈구하실 것이라 믿는다. 그런 순전한 즐거움도 즐거움이려니와 하나님께서는 우리에게 '말을 뛰어넘는' 함께함이 얼마나 절실히 필요한지 우리보다 훨씬 더 잘 아신다. 그래서 하나님께서는 우리가 부산한 움직임을 멈추고 그분의 임재의 양분을 느긋하게 흡수하기를 인내하며 기다리신다.

· · · · · ·

우리는 몸의 보양을 영적 습성의 일부로 생각하지 않는 편이지만, 엘리야의 이야기가 확증해 주듯이 모든 것은 우리의 몸에서 시작될 때가 많다. 몸의 상태가 어떠하든 자기 몸에 주목하는 것은 어려운 일일 뿐 아니라 우리를 겸손케 하는 일이기도 하다. 왜냐하면 자신의 체력과 약점을 적나라하게 대면해야 하기 때문이다. 몸에 주목하는 것은 영적인 삶과 무관해 보일 수 있다. 몸과 영은 분리된 세계라고 언제부터인가 배워왔기에 몸에 신경 쓰는 일에 반감을 느낄 수 있다. 영적 여정은 몸과는 완전히 분리된 영역에서 이루어져야 한다고 믿고 있을 수도 있다. 그러나 사실 영적 여정은 물리적 몸 안에서 이루어질 뿐 아니라, 몸을 돌보는 일과 하나님과의 관계를 심화시키는 일은 지극히 현실적으로 연관되어 있다.

영적 여정의 혼란 속에서 나는 몸 안의 삶에 대해 깊이 내재된 이중적 감정에 부딪치고는 깜짝 놀랐다. 나는 잘못된 영적 이상에 도달하려는 일념 아래 몸 안의 삶을 무언가 저차원적인 것으로 격하시키고는 거의 눈길조차 주지 않았다. 몸이 중대한 문제를 일으키지만 않는다면 나는 말씀 묵상, 기도, 봉사 등 누가 봐도 영적인 노력들을 위해 몸을 무시할 수 있었다. 나는 귀중한 선물을 대하듯 몸을 아끼고 돌보는 대신 몸이 성령 안의 삶과 무관한 줄 알고 대체로 몸을 무시했다.

따라서 고독과 침묵의 정황에서 내 몸을 살핀다는 것이 처음에는 불편하고 당혹스러워 강경히 저항했다. (영적인 것을 꽤나 좋아하던 나로서는) 별로 영적인 것이 아니어서도 그랬지만 내 몸 상태가 마음에 들지 않아서도 저항했다. 하지만 일단 내 몸을 살피다보니 비교적 뻔한 고갈의 증상 외에도 새삼 알게 된 면들이 있었다. 우선 나의 어깨는 늘 긴장되어 있었다. 그리고 초조하거나 불안하거나 긴장될 때면 나는 호흡을 '망각'했다. 하나님 안에서 안식할 줄을 모르다 보니 하루의 염려와 걱정거리 때문에 밤잠을 잘 이루지도 못했다. 어떤 활동들은 내게 활력을 주기도 했지만, 다른 한편으로 과도하게 진을 빼놓기도 했다. 나는 이와 같은 내 모습을 보면서 어찌해야 할지 막막해졌다.

어떤 여자는 침묵의 경험 초기에 본 자신의 몸에 대해 이렇게 기술했다.

> 호흡과 몸 풀기와 침묵이 내게는 모두 다 힘들다. 몸이 굳어 있는 것 같고 자꾸만 움찔거린다. 심장 박동은 너무 빠르고 호흡은 얕다. 심호흡을 하려 해도 너무 불편하고 겁이 날 정도이다. 어렸을 때도 그랬던 기억이 난다. 카페인에 중독되어 있는 것이 분명하다. 묵상을 시도해 보니 알겠다. 내 몸이 새로운 종류의 평화와 쉼을 애타게 갈망하고 있다는 것도 알겠다. 평생 나는 아드레날린에 도취되어 살아온 것 같다. ······ 몸이 너무 굳어 있고 피곤하다. 긴장에 절어 근육이 단단히 뭉쳐 있다.

이런 불편한 자각은 누구나 흔히 경험하는 일이다. 그러나 몸을 주의 깊게 살피는 일이 비록 불편하게 느껴질 수 있더라도, 고독 속에서는 몸의 필요를 듣는 법을 배우게 된다. 무엇보다 우리의 몸은 긴장에서 풀려나 쉴 필요가 있다. 자신의 몸 상태를 잘 듣고 각별하게 돌볼수록 우리의 몸과 영이 생각만큼 단절된 것이 아님을 알게 된다.

나의 몸을 살피고 그에 따라 생활 패턴을 바꾸면서 내게는 몇 가지 중요한 변화가 일어나기 시작했다. 우선 틈틈이 카페인 기운에 의지하는 대신 보다 쉼다운 쉼을 얻게 되었다. 또한 영양가 있는 음식을 먹고, 물을 더 많이 마시고, 호흡에 주목하고, 조금씩 보다 능동적인 생활 방식으로 옮겨가기 시작했다. 고독의 시간을 비롯해 매사에 보다 활력이 넘치고 머리가 맑아지기 시작했다. 고독에 임할 때도 지치고 산만한 모습 대신 내 영혼이 사랑하는 하나님께 언제든 반응할 준비가 된 맑고 활기찬 모습으로 나아가게 되었다.

하나님께서 우리에게 주신 선물 가운데 하나는 운동을 하면 몸에서 엔돌핀이 분비되어 우리의 감정을 진정시키고 고통을 가라앉히며 기분을 고양시켜 준다는 것이다. 특히 걸핏하면 병적인 내성과 지나친 주관에 빠져 헤매는 내 경우에는 그렇게 심령을 끌어올려 주는 장치가 필요했다. 엔돌핀은 내 영혼을 위한 하나님의 선물로, 내 몸이라는 매체를 통해 주어진다. 그래서 나는 고독의 정의마저 넓히기 시작했다. 꼭 조용히 앉아야만 고독에 들어가는 것이 아니다. 사실 내게 있어 천천히 묵상하며 걷거나 조깅하거나 자전거를 타는 것도 고독을 실천하는 매우 중요한 부분이 되었다. 몸이 자동 모드에서 신체 활동으로 해소를 즐기는 동안, 나의 생각과 영혼은 덜 산만해져 좀 더 온전히 하나님 앞에 머무를 수 있다. 특히 하루 일과를 마친 후, 나는 하나님과 함께 있음을 의식적으로 느끼면서 걷거나 달린다. 그러면서 하나님과 함께 하루 일을 처음부터

> 몸을 존중하는 기독교의 습성은 우리 몸이 하나님의 선한 이미지를 따라 지어졌다는 확신에서 기원한다. …… 우리는 하나님께서 임재하시는 처소인 우리 몸을 마땅히 보양하고 축복해야 하며, 절대 모욕하거나 착취해서는 안 된다. 몸을 통해서 우리는 세상을 향한 하나님의 활동에 참여한다.
> 도로시 베스Dorothy Bass, 『믿음의 실천Practicing Our Faith』

끝까지 돌아본다. 또한 하나님께 그날 하루 하나님의 임재의 증거들, 내가 급해서 놓칠 수 있었던 단서들을 보여 달라고 청한다. 이는 평범한 나의 삶 속에서 여러 모양으로 만나 주시는 하나님께 경이와 감사를 표하는 시간과 공간이다. 감사를 통해 나는 영적 삶에 강력한 에너지원을 얻는다.

또한 나는 하나님께 내가 원하는 만큼 사랑하지 못할 때나 성령님의 지적을 알아듣지 못하거나 반응하지 못할 때를 알려 달라고 청한다. 죄를 고백하거나 실수를 통해 배워야 할 필요가 있다면, 나는 하나님과 함께하는 저녁의 산책 시간을 이용한다. 하나님과 함께 하루를 돌아보는 습관은 의식 규명examen of consciousness-하루를 회고하며 하나님의 임재를 보는 것과 양심 규명examen of conscience-그 임재에 대한 나의 반응 여부를 보는 것이라는 고대 기독교의 습성에 뿌리를 둔 것이다. 이것은 하루의 일들을 하나님께 넘겨드리는 데 도움이 된다. 또한 그러고 나면 밤에 잠의 선물도 잘 받을 수 있고, 이튿날 아침에 깨어나서도 나를 기다리는 새로운 긍휼 속에서 살아갈 수 있다.

이 같은 방법들을 통해 나는 단순히 영과 혼만이 아니라는 진리를 받아들이기 시작했다. 나는 분명히 몸으로 된 인간이다. 그리고 이 몸은 성령님의 처소이다. 곧 하나님을 만나기 위해 구별된 성전이다. 하나님께서는 설명할 수 없는 방식으로 우리의 몸에 내주하신다. 그리고 이 몸을 통해 우리가 그분을 만나고 알 수 있게 하신다고전6:19.

나는 이 같은 성전된 몸을 지치게 만들고 그럼으로써 살아계신 하나님을 만날 기력조차 없게 하는 나 자신을 고독 속에서 조용히 보고 들으며 감시할 수 있다. 하나님의 임재 안에서 이러한 사실에 마음을 열 수만 있다면, 그것은 하나님과 협력하여 새로운 삶, 즉 영적 여정에 대한 헌신의 일부로서 몸의 필요를 돌보는 삶을 가꾸는 기회가 된다.

하루 이상 장시간의 고독 휴가를 떠날 때면, 나는 먼저 숙면의 밤으로 시작한다. 일일 휴가의 경우에는 대개 낮잠으로 시작한다. 그러나 충분히 쉰 상태로 휴가 장소에 도착하려는 나의 노력은 수포로 돌아가기 일쑤였다. 아마도 내가 아는 대다수 사람들도 그럴 것이다. 대개 내가 할 수 있는 일이라곤 간신히 그 장소에까지 가는 것이 전부였다. 사실 휴가 시간을 비우려면 종종 덤으로 수고와 에너지가 더 든다. 그래서 나는 약간 피곤한 모습으로 도착하곤 했다. 하지만 이제는 고독의 기간에 쉼을 배합하는 것에 대해 죄책감이 없다. "여호와께서 그 사랑하시는 자에게는 잠을 주시기"시127:2 때문이다. 몸이 쉬는 시간과 장소는 하나님께서 엘리야에게 주신 선물이며, 이것은 우리에게도 마찬가지이다. 그러므로 자신의 몸에 귀를 기울이고 잘 쉬는 것, 몸을 하나님께서 그분의 임재를 알리시는 장으로 존중하는 것은 영적 순례에서 중요한 훈련이다.

<연습>

천천히 세 차례 심호흡을 하되 오래 들이쉬고 오래 내쉰다. 느긋한 호흡을 위해 필요하다면 눈을 감는 것도 좋다. 엄마 품의 아기처럼 하나님과 함께 있으면 안전하다는 것을 믿고 자신의 전부를 하나님 안에서 쉬도록 하는 것이 목표이다.

호흡을 하면서 자신의 몸 안에 일어나는 일을 본다. 호흡할 때 긴장이 풀리는 부위들은 어디인가? 혹시 보다 편하게 몸의 자세를 고치거나 바꾸고 싶은가? 깊은 안식에 도움이 된다면 얼마든지 그렇게 한다.

호흡을 계속하면서 잠시 하나님의 임재 안에 편안히 쉰다. 요즘 자신의 몸이 어떤지 여러 모로 살핀다. 피곤할 때는 언제이며, 활력을 느낄 때는 언제인가? 아프거나 뻐근하거나 굳어질 때는 언제이며, 건강하고 힘차고 가뿐할 때는 언제인가? 자신의 몸은 사랑과 보호를 받고 있는가, 아니면 균형을 잃고 남용되고 있는가?

자신의 몸의 필요에 대해 하나님께서 지금 이 순간 주시려는 것이 있는가? 그것은 잠시 웅크린 채로 따뜻한 담요를 덮고 쉬는 것일 수도 있고, 조용한 산책일 수도 있고, 그냥 계속 앉아 그분의 임재를 음미하는 시간일 수도 있다.

고독 가운데서 최대한 오랫동안 머물며 이런 가시적 방식으로 하나님 안에서 몸을 쉰다. 이 시간에 경험한 하나님의 돌보심에 대한 짤막한 감사 기도로 침묵을 마친다. 이어지는 활동이 무엇이든 이 쉼의 마음가짐을 유지하게 해 달라고 기도한다.

6장
생각의 안식

"내 마음이 교만하지 아니하고 내 눈이 오만하지 아니하오며 내가 큰
일과 감당하지 못할 놀라운 일을 하려고 힘쓰지 아니하나이다"
_시편 131편 1절

고독의 시간에 몸을 쉬고 거기 주목하는 데 일단 익숙해지면, 그보다 더 만만찮은 일이 우리 앞에 다가온다. 바로 생각의 안식이다. 하나님 안에서 생각을 쉰다는 시편 기자의 말은 그 단순함에서나 현대인의 사고로는 불가능해 보인다는 점에서 매우 강한 표현이다. 내 경우에는 **언제나** 크고 할 수 없는 기이한 일에 힘쓰는 것 같다. 인간의 생각으로 이해하거나 정리할 수 없는 너무 복잡하고 막중한 일들 말이다. 가령 어제는 결혼생활을 고치기 원했다면, 오늘은 자녀들을 고치기 원하고, 내일은 세상을 고치려 한다. 이러한 생각들은 언제나 끝이 없다.

인간의 사고는 매사를 통제하고 정리하고 최신 아이디어에 매달리

고 코앞의 지푸라기를 붙잡느라 늘 바쁘다. 끊임없이 매사를 어떤 범주와 상자와 사고체계 안에 넣어 의미를 부여하기 위해 이만저만 열성이 아니다. 때로는 하나님마저도 **내 삶에서**in my life 자유로이 하나님으로 계시지 못한 채 **내 머릿속에서**in my mind 하나의 범주나 상자로 분류된다. 나의 사고는 문제를 고치고 일을 통제하며, 간신히 이루어 놓은 평정을 어지럽힐 모든 것을 막아내기 위해서라면 못할 일이 없는 것 같다.

잠시도 쉴 줄 모르는 나의 사고 활동에 대해 가장 충격적으로 자각하게 하는 것 중 하나는 남편을 통해 제일 먼저 찾아왔다. 남편은 내가 한밤중에 자다가 일어나 새 설교의 도입부를 읊는데, 놀랍게도 비몽사몽간의 설교가 문장도 완전하고 조리도 정연했다고 말했다. 받아 적지 못한 것이 아쉬울 정도라고 말이다. 나도 남편이 받아 적었다면 좋았을 거라고 생각했다. 설교 도입부가 하나 더 생겼을 테니 말이다. 우리는 이 일로 두고두고 웃곤 했다. 그러나 나는 몸을 쉴 수 있을 때조차 생각을 가라앉히고 쉬는 일이 매우 힘든 일일 수 있음을 이런 이상한 방식으로 깨달았다.

종종 나는 생각이 하나님 안에서 고요히 쉬는 것보다 계속 부산하게 날뛰는 것을 고독 속에서 깨닫고는 좌절을 느낀다. 내 영혼이 갈망하는 그것, 즉 하나님과의 쉼과 연합, 그리고 교류의 경험을 내 생각이 흩뜨려놓는 방식들이 낱낱이 보였기 때문이다. 정말이지 시편 기자의 말대로 우리는 생각을 쉬는 법을 절실하게 배워야만 한다!

생각이 나쁘다는 말이 아니다. 다만 하나님과의 연합을 구하는 우리를 거기로 데려다 주기에는 생각의 역량이 너무 제한되어 있다는 것 뿐이다. 지식은 무대를 꾸밀 수는 있으나 참된 만남의 드라마를 이끌 수는 없다. 우리는 대인관계의 경험에서 누군가를 생각하는 것과 그 사람과 함께 있는 것이 같지 않음을 잘 안다. 누군가에 대한 정보와 그의 삶을 자세히 알아본 후 멀리서 그를 흠모하는 것과 그와 직접 관계를 맺거나 사랑에 빠지는 것은 다르다. 예수님께서도 이 점을 강조하셨다. 곧 우리에게 하나님을 사랑하라고 명하시되 그 사랑의 드라마가 벌어지는 일차적인 장은 생각이 아니라 마음과 영혼이라고 말씀하신 것이다. "네 마음을 다하고 목숨영혼을 다하고 뜻생각을 다하여 주 너의 하나님을 사랑하라"마22:37; 신6:5 인용.

머릿속에서 벌어지는 일과 마음속에서 벌어지는 일의 차이를 보게 된다면, 우리는 우리의 생각이 매사를 지탱하고 정리하며 성사시키려는 노력에 지쳐 있음을 인정하게 될 것이다. 말로 가득 찬 기도는 우리의 생각을 하나님의 사랑의 품안에서 쉬게 하기보다 오히려 우리의 머릿속에 일만 많이 시키는 것이 될 수도 있다. 우리를 향한 하나님의 선하신 뜻이 드러나는 곳은 우리의 머리가 아니라 그분의 품안인데 말이다.

좌절감 속에서도 계속해서 자신의 생각을 내려놓지 않을 경우, 결국 우리는 인생에서 가장 절실하게 알아야 하고 또 해결하고 정리해야 하는 것들일수록 우리 생각의 차원에서는 알 수도 없고 해결하거나 정리할 수도 없음을 깨닫게 될 것이다. 오히려 그것들은 경청의 차원에서 들려올 것이다. 즉 성령님께서 우리의 영과 더불어 증거하시는 우리 내면의 그곳롬8:16에서부터 들려올 것이다. 거기서 하나님께서는 인간의 지혜로 이해할 수 없고 생각으로 분석 또는 정리할 수 없는 것들을 우리에게 말씀하신다고전2:10~13. 영적 분별은 억지로 쥐어짜는 인간의 생각에서가 아니라 하나님의 때에 하나님의 방법으로 주어지는 순전한 선물이다고전2:14. 그런 차원에서만 우리는 두려움을 내쫓을 정도의 사랑으로 사랑받으며, 또 그럼으로써 하나님의 모험적인 초대를 부담 없이 듣고 반응할 수 있다. 이런 점에서 우리는 자신의 수고를 놓고 쉬어야 한다. 자신의 생각 속에 쥐고 있던 것을 다 놓아야만 우리 너머에서 오는 계시를 받을 수 있는 것이다.

확신컨대 나의 영성 스승이 영성을 지도하는 초기에 내게 장시간 말을 시킨 이유 가운데 하나는 내 생각의 한계를 **경험하게** 하기 위해서였던 것 같다. 나는 만사를 말로 처리하려는 수고, 또는 정신적인 정리와 계산이 무력하다는 사실을 경험할 필요가 있었다. 그것은 직시하기 힘든 현실이었다. 그래서 나는 투덜거렸다. 물론 지금도 가끔 그런다. 생각의 한계를 받아들이는 것은 지식을 얻는 방식에 있어서 나를 둘러싼 문화적, 종교적 배경이 내게 가르쳐 온 모든 것에 정면으로 대치되는 일이다. 내 생각 외에 대체 무엇을 믿을 수 있단 말인가.

그러나 과연 정신적인 궁지의

기도 생활이 생각을 무리하게 밀어붙여 그렇잖아도 빡빡한 스케줄에 또 하나의 피곤한 일만 더할진대 어찌 누군들 거기서 진정한 양분과 위안, 그리고 위로를 찾기를 기대할 수 있겠는가? 하나님과의 단순한 대화나 하나님과 단순히 함께 있는 것이 사실상 불가능할 정도로 우리는 하나님과 '하나님 문제'에 관한 토론과 변론, 논의의 복잡한 그물망에 얽혀 있을 때가 많은 것 같다.

헨리 나우웬Henri Nouwen, 『마음의 길The Way of The Heart』

벽에 부딪쳐서도 그럴 수 있을까? 아무리 사고 활동을 많이 해도 정작 내게 필요한 것, 즉 응답과 인도, 사랑, 고치기 힘든 습관의 변화 등을 얻지 못한다면 그때는 어떻게 될까? 아마도 우리는 다음과 같은 진실의 못으로 벽에 박힌 채 한동안 몸부림칠 것이다. 즉 우리는 빈곤하고 무력하다는 것, 그리고 우리의 생각이 만들어낼 수 있는 것 이상을 필요로 한다는 것이다.

그것은 분명 나쁜 소식이다. 하지만 동시에 기쁜 소식도 있다. 곧 그렇게 몸부림치다가 탈진하게 되면 마침내 자신의 노력을 내려놓고 하나님의 것을 받으려는 가능성에 마음을 열 수 있게 된다는 것이다. 이렇게 탈진에 순응하여 부산한 몸놀림을 멈출 때, 우리는 잠시 자신의 말의 흐름을 멈추고 들을 마음이 생기게 된다. 침묵의 습성이 드는 것을 가능케 하기 때문이다. 시편 46편 10절에서는 말이 아니라 침묵 속에서 오는 앎에 대해 언급한다. 단 먼저 우리가 가만히 있어야만 한다.

여기서 '가만히 있다'로 번역된 히브리어는 문자적으로 '잡았던 것을 놓다'라는 뜻이다. 즉 지금까지 잡고 있던 우리 자신의 이해를 놓는 것이다. 인간적인 차원에서의 노력을 멈추는 것이다. 그리고 그 과정에서 전혀 새로운 종류의 앎에 자신을 여는 것이다.

그렇다고 고독의 시간에는 지성을 포함한 인간의 모든 면을 무시해야 한다는 것은 아니다. 그보다 우리는 생각이 마음구속받은 백성 안에 하나님께서 거하시는 우리 존재의 중심에 잦아들게 해야 한다. 흔히 우리는 마음을 정서 생활의 자리, 곧 감정을 느끼고 표현하는 곳으로 생각한다. 그러나 성경적 또는 영적 전통에서 마음이라는 단어는 그보다 풍부한 의미를 지닌다. 가령, 유대-기독교 전통에서 마음이란 우리 존재의 본질, 도덕적 본성과 영적 생명의 핵을 아우른다. 즉 우리의 신체적, 정서적, 지적, 의지적, 도덕적 에너지가 모두 마음에서 나오는 것이다. 그러므로 마음은 생명의 근원이다참4:23. 마음은 하나님의 영향력의 영역이요 하나님과 인간이 만나는 장이다.

침묵은 우리의 얄팍한 정신적 관념을 한 꺼풀 벗기고 마음의 자리로 내려가는 데 도움이 된다. 마음의 실체는 생각이 포착하거나 말로 표현할 수 있는 그 어떤 것보다도 깊다. 거기는 동경과 갈망의 자리요, 아직 없는 것을 찾아 손을 내미는 자리이다. 이 무언의 자리에서 우리의 전인격은 하나님을 향하며, 하나님께서 말을 걸어주시기를 기다린다. 이런 기도는 다음과 같다.

> 그것은 생각을 마음에 품고 하나님의 임재 안에 서는 것이다. 즉 분열이나 구별 없이 우리가 온전히 하나인, 존재의 그 지점에 있는 것이다. 거기에 성령님께서 거하시며 거기서 위대한 만남이 이루어진다. 또한 거기서 마음은 마음에 말한다. 왜냐하면 거기서 우리는 우리 안을 다 들여다보시는 주님의 면전에 서게 되기 때문이다.

침묵 속에서 우리는 하나님에 대한 우리의 많은 말들이 달을 가리키는 손가락과 같음을 비로소 깨닫게 된다. 달을 가리키는 손가락은 달이 아니다. 달을 가리키고, 달에 대해 말하며, 달빛의 생성 과정에 대해 연구하고 설명하는 것은 달빛 속에 앉아 달빛이 제 마음대로 사방을 비추도록 두는 것과는 다르다. 또한 이 신비로운 빛 속에서 모든 것이 어떻게 달라지는지 보는 것과도 다르다. 달빛 속에 앉아 있을 때 우리는 그것을 분석하거나 설명하거나 억지로 다른 것이 되게 하려 하지 않는다. 그냥 그 속에 앉아 즐길 뿐이다.

하나님도 마찬가지이다. 하나님에 **대한** 우리의 말들은 하나님의 실체 그 자체가 아니다. 단지 달을 가리키는 손가락일 뿐이다. 침묵 속에서 우리는 우리의 말로 절대 하나님을 담아낼 수도 없고, 하나님과 함께한 경험을 충분히 묘사할 수도 없다는 사실을 받아들이게 된다. 모든 것을 말과 사고의 개념에 담으려고 하는 데서 오는 탈진에 순응하고 내려놓을 때, 우리는 자신의 생각을 정지시키게 된다. 그리고 실체 Reality 그 자체이신 하나님의 **경험**에 자기를 넘겨주게 된다.

침묵의 도가니 안에서 정신적인 궁지의 벽은 더 이상 우리가 인간의 무력함에 꿰이는 곳이 아니라 하나님의 품안 그 자체가 된다. 결국 고요함과 확신에서 나오는 힘을 얻게 된다. 우리는 존속에 필요한 모든 것을 매번 거기서 얻고 또 얻었다. 이것이야말로 정말 깊은 안식이다.

당신 마음속에 있는 해결되지 않은 모든 것에 인내해야 한다. 잠긴 병처럼, 외국어로 쓰인 책처럼, 의문 자체를 사랑해야 한다. 답을 구하지 말아야 한다. 당신이 답대로 살 수 없겠기에 답은 올 수도 없다. 핵심은 모든 것을 살아내는 것이다. 지금은 의문을 품고 살아야 한다. 그러다 보면 자기도 모르게 서서히 답 속에서 살게 될 날이 올 것이다.

라이너 마리아 릴케Rainer Marie Rilke, 『젊은 시인에게 보내는 편지Letters to a Young Poet』

<연습>

세 차례의 긴 심호흡으로 침묵에 들어간다. 방해가 될 수 있는 몸의 긴장이 어떻게 호흡으로 풀리게 되는지 잘 살핀다. 존재의 다른 차원들, 특히 가능하다면 생각과 마음의 차이를 살핀다. 잠시 당신의 머릿속에서 벌어지는 일과 마음속에서 벌어지는 일을 보고 경험한다.

생각이 소란하고 분주할 때는 알 수 없었으나 지금 고요한 중에서는 꼭 알아야 할 것은 무엇인가? 아무리 많은 생각과 말로도 답을 몰라 건드릴 수 없었던 자신의 삶의 '모르던' 부분은 무엇인가?

의문을 가지고 하나님과 함께 앉는다. 그리고 큰소리로 말한다. 곧 답을 모르는 심정을 하나님께 아뢴다. 하지만 답을 찾거나 억지로 명쾌하게 다듬거나 머릿속으로 정리하려는 충동은 자제한다. 관련된 이슈와 관심사와 생각이 떠오르도록 두되 거기에 착념하지는 않는다. 그냥 하늘의 구름처럼 지나가게 둔다. 문제를 정리하거나 무엇이든 붙잡으려 하기보다는 의문을 품은 채 하나님의 임재 안에서 쉰다.

조바심이 나거든 이렇게 자문한다. **"마음속에서 해결되지 않는 이 일에 대해 나는 인내할 용의가 있는가? 이 일로**

몸부림치는 노력을 그만두고 하나님의 때에 하나님의 방법대로 일하시도록 하나님께 맡긴다면 어떻게 될까?"

정해둔 시간 동안 침묵 속에 앉아 있도록 한다. 그리고 주기도문으로 침묵 시간을 마친다. 주기도문의 단어와 문구를 이 의문에 대한, 그리고 다음에 이어질 활동에 대한 자신의 반응으로 삼는다.

7장
영혼의 안식

"진실로 너희에게 이르노니, 만일 너희가 변하여 어린 아이와 같이
되지 않는다면, 너희는 결단코 하나님 나라에 들어가지 못할 것이다."
_예수 그리스도

나이와 상관없이 우리는 누구나 어린 아이가 될 수 있는 곳이 필요
하다. 애정을 충분히 받은 아이들은 자기를 사랑해 주는 사람들의 무
조건적인 수용을 본능적으로 믿는 편이고, 그래서 필요할 때마다 그들
에게 잘 기대어 쉰다. 그들은 아직 꾸밀 줄을 모른다. 잘 보이려고 하지
도 않는다. 기쁨의 비명, 필요나 갈망의 표현, 슬픔이나 고통의 눈물을
감출 줄도 모른다. 아이들은 지금 이 순간 자신의 진실한 모습을 막힘
없이 그대로 표현한다. 물론 이것이 귀엽고 보기 좋을 때도 있지만 그
렇지 않을 때도 많다. 여하튼 자신과 주변 사람들과 삶 자체에 대해 편
안하고 태평한 것이 아이들의 일면이다.

그런데 하나님 안에 안식하는 영혼도 이와 마찬가지이다. 우리는 꾸미지 않는다. 잘 보이려고 하지도 않는다. 나 아닌 다른 존재로 행세하지도 않는다. 우리는 기쁨의 비명, 필요나 갈망의 표현, 고통이나 슬픔이나 실망의 눈물을 감추지도 않는다. 고독의 시간에서 영혼은 **그냥 있는 그대로 하나님과 함께 있음으로** 하나님 안에서 안식할 뿐이다.

어떤 면에서 이것은 의자 빼앗기 놀이와 약간 비슷하다. 삶의 음악이 나오는 동안은 계속 빙빙 돌다가 음악이 멈추면 그 자리에 앉는 것이다. 땀을 흘리고 숨이 가쁘며 심장 박동이 빨라진 그대로 앉는 곳이 당신 자리이다. 이겨서 좋을 수도 있고 이번에도 의자를 차지했다면 약간 실망했을 수도 있지만 옆으로 밀려났다면, 어쨌든 지금 거기가 당신 자리이다.

삶의 음악을 멈추고 고독에 들어갈 때 우리는 그 순간의 자기 자리에 앉는 것이다. 그곳이 우리가 하나님을 만나는 자리이다. 우리는 현재의 기쁨이나 슬픔 속에서 하나님을 만난다. 삶의 눈물과 웃음 속에서 하나님을 만난다. 힘이 쭉 빠지는 의문은 물론이고 단비처럼 반가운 해답 속에서도 하나님을 만난다. 주어진 하루의 어느 자리에 있든, 음악이 멈추면 우리는 그 자리에 앉아 하나님과 함께 한다.

가장 진실한 모습으로 하나님과 함께 있으면서 그분 안에 안식하는 이런 순간이 우리 영혼에 얼마나 자주 그리고 절실히 필요한가. 처음 고독에 입문할 때 나는 하나님 앞에 좋은 모습으로 선담시고 자신을 '쫙 빼느라' 에너지를 많이 소모했다. 나는 인간관계를 모두 정비하고 죄를 모두 고백하며 굵직한 문제를 모두 해결하려 했다. 메시지를 모두 처리하고 음성 사서함을 깨끗이 비워 두려 했다. 심지어 설거지며 화장실 바닥 청소까지 끝내 놓은 다음에 고독으로 들어가려고 했다. 하나님께서 정말 그런 것에 신경이라도 쓰시는 것처럼 말이다. 나는 내 삶에서 **어느 것 한 가지라도** 그냥 두거나 지저분하게 방치하고 싶지 않았다. 나나 하나님이나 그것 때문에 산만해져 곧 시작될 모든 영적인 일에 방해를 받아서는 안 되지 않는가.

그런데 이렇게 압박감이 크다 보니 정작 힘이 빠져 고독에 들어가는 것이 감히 엄두가 안 났다. 그럼에도 내 영혼이 조금이라도 쉴 수 있었다면 그 이유는 단 하나, 준비 과정에 진이 빠져 혼수상태나 다름없었기 때문이다. 이렇게 성에 찰 때까지 삶을 단장하려다 실패하기를 여러 번 거친 후, 마침내 내가 핵심을 놓치고 있다는 생각이 들었다. 고독의 핵심은 지금의 나의 모습 그대로 하나님과 함께 있는 것이다. 그것이 어떤 모습이든 상관없다. 내가 침묵으로 길을 내어드릴 때 하나님께서는 나의 실체 속에 오신다. 아이가 엄마를 마음 놓고 믿듯이 나도 하나님께 마음 놓고 기대어 쉬면서 그분께서만 베푸실 수 있는 영혼의 돌보심을 받을 수 있다.

음악이 멈추어 자리에 앉게 될 때 어떤 날에는 그곳이 하나님과 함께 있는 즐거운 곳이 된다. 곧 감사의 한복판일 수도 있다. 얼마 전 나는 금요일 야간 비행기를 타고 시카고에서 캔자스시티로 가고 있었다. 사실 당시 나는 오래 전부터 예정되어 있던 강연 중이었는데, 그것이 우연히도 딸의 졸업 파티와 겹쳤다. 다행히도 주최 기관과 몇몇 동료의 이해와 배려 덕분에 나는 강연 도중에 잠깐 시카고로 돌아가 채리티의 옷차림도 거들고 사진도 함께 찍을 수 있었다. 그 뒤 나는 다시 비행기에 올라탔다. 토요일에 캔자스시티에서 온종일 강의가 있었기 때문이다.

금요일 밤, 좌석에 털썩 앉고 보니 기내는 거의 비어 있었다. 어둡고 고요한 게 어딘지 위안이 되었다. 뜻밖에 찾아온 1시간 15분가량의 고독이었다. 책과 문서도 있었지만 나는 삶의 중요한 순간, 엄마만이 해줄 수 있는 순간을 딸과 함께할 수 있었던 것에 감사드리며 그냥 하나님과 함께 있고 싶었다. 그리고 그때 이렇게 말하던 강사진 담당자의 호의가 생각났다. "전체를 볼 때, 이 집회는 아무도 기억하지 않겠지만 당신 딸은 졸업 파티에 엄마가 함께 있었는지 아닌지 평생 기억할 겁니다." 그런 친절과 이해를 받고서 나는 얼마나 안도했던가!

거기서 나를 도와주었던 사람들 하나하나를 감사의 마음으로 새겨보았다. 아무 문제없이 정시에 오간 비행기며 지상 교통편과 도로 상황도 생각났다. 채리티와의 아름다운 순간들을 떠올리며 한없이 생각에 잠기노라니 다 자란 예쁜 딸을 보는 엄마의 기쁨과 자랑으로 가슴이 두근거렸다. **그리고 감사가 넘쳤다.** 감사를 느낀 것은 그때가 처음이 아니지만 감사에 그렇게 많은 공간을 낸 것은 처음이었다. 서둘러 다음 일로 넘어가지 않고 나는 영혼 구석구석까지 감사로 채웠다. 발끝까지 감사를 느끼고 음미했다.

정말 감미로운 순간이었다. 어떤 '건수'를 찾아 잡념에 빠진 것이 아니라 그 순간 나의 진실한 모습으로 하나님과 함께 있는 것을 선택한 것은 정말 잘한 일이었다. 그런데 나중에 나는 그 이상을 보았다. 감사에 시간과 공간을 냈던 유익이 그 순간을 넘어 훨씬 오래까지 미친다는 사실을 주말이 되어서야 깨달았던 것이다. 고독 속에서 내 영혼 가득 퍼졌던 감사의 경험은 이튿날의 사역은 물론 그 다음 주의 행사에서도 강력한 에너지원이 되었다. 강연 후 나는 물론 피곤했지만 탈진 정도까지는 아니었다. 이렇듯 대충 넘어가지 않고 감사의 공간을 냈더니 잠만 잘 자서는 얻을 수 없는 깊은 재충전을 얻게 된 것이었다.

· · · · · ·

물론 동전에는 이면이 있다. 어떤 날은 음악이 멈출 때 슬픔, 두려움, 고통, 혼란 등의 어려운 현실을 품고 하나님과 함께 있어야만 한다. 최근에 나는 깊은 개인적인 상실로 인해 슬퍼하게 되었다. 누구에게도 표현할 수 없는 상실이었다. 새벽의 고독 시간에 나는 하나님 앞에서 슬픔을 인정하며 일기를 썼다. 나는 이 상실로 인해 느끼는 격한 분노를 하나님께 아뢰었고, 또 분노를 그대로 느끼다가는 완전히 맥을 못추게 될 것 같은 두려움도 시인했다. 슬픔을 다 느끼다가는 다시 자신을 추스르고 일상에 임할 수 있을지 확신이 없었으므로 나는 일단 감정을 인정하는 선에서 멈추기로 했다. 슬픔을 다루는 작업이 언젠가는 이루어져야 함을 알았지만 나는 준비되어 있지 않았고, 그래서 다시 바쁜 삶으로 돌아갔다.

오전까지는 잘 참고 생산적으로 지냈으나 점심시간이 되자 슬픔과 절망이 걷잡을 수 없이 밀려왔다. 나는 그 모습 그대로 하나님께 잠시 공간을 내야 할 것 같았다. 어찌해야 좋을지 전혀 모르겠다는 사실을 그대로 인정해야 했다. 위로가 어떻게 올 것이며 결과가 어떻게 될지 모른 채, 상실과 그 부대 감정이 끌어당기는 중력에 항복해야만 했다. 다른 일로 피하고 싶은 마음뿐이었지만, 적어도 얼마 동안은 성취나 바쁜 일, 소음, 그리고 사람과의 만남 등으로 피하려는 마음을 거부할 필요가 있었다. 하나님께 나의 슬픔을 열고 그분께서 거기서 하시는 일을 살필 필요가 있었다. 그래서 나는 위험해 보이는 참된 위로의 가능성에 자신을 열기로 했다.

내가 할 수 있는 일이라곤 침대에 기어드는 것뿐이었다. 내가 하나님의 임재 안에 있다는 것, 그리고 아이가 슬픔을 가지고 엄마나 아빠에게 가도 괜찮은 것처럼 나 또한 슬픔을 가지고 하나님께 가도 괜찮다는 것을 알고서 말이다. 그날 내게 고독과 침묵의 의미는 고통의 파도에 직면하는 것이요떠내려갈까 봐 무서웠지만, 눈물을 참지 않는 것이었다울기를 정말 싫어하지만.

고통의 파도는 리듬감 있게 나를 때렸다. 쳤다가 빠지고, 다시 들어왔다 나갔다. 꿈쩍도 않고 누워 있어야만 떠내려가지 않을 것 같았다. 몇 번 깜박 잠들 뻔한 적도 있었고, 정말 그러고 싶을 때도 있었다. 그 느낌에서 달아나고 싶은 마음이 간절했지만 하나님께서는 나를 잠들지 못하게 하셨다. 끝까지 겪어내는 것 외에는 달아날 길이나 출구가 없었다.

그렇게 두어 시간이 지났을까. 슬픔의 파도가 잦아들었다.

그 후의 일은 말로 표현하기 어렵다. 우리가 기꺼이 하나님께 자신을 맡길 때 그분께서 우리에게 오셔서 우리를 도우시는 방식은 불가사

의하다. 그 순간 하나님께서 자신의 임재를 알리시고 우리를 위로하시는 방식은 사람마다 다르다. 마치 세상의 모든 엄마마다 자기 자식을 안고 위로하는 방식이 서로 다른 것처럼 말이다. 이는 매우 친밀한 방식이다.

내면에 하나님께서 임재하시는 것에 대해 우리를 가장 둔하게 만드는 것은 자신과 벌이는 내면의 대화, 즉 생각의 끝없는 수다일 것이다. 말로 기도하는 수다까지 포함해서 때때로 그 수다를 멈추는 것이야말로 참된 영적 위로에 가장 중요한 것 같다.
프레드릭 부흐너Frederick Buechner, 『비밀 전수Telling Secrets』

여하튼 하나님의 임재 안에서 슬픔의 끝까지 들어간 나는 가냘파서 부스러질 것 같았지만 동시에 하나님께서 안전하게 품어 주시는 것도 느낄 수 있었다. 허탈하게 지쳐 버린 기분이었지만 하나님의 자애로운 임재의 위로도 느껴졌다. 슬픔 속에 나 혼자 있지 않음을 알게 되었다. 상황은 달라지지 않았지만 나는 괜찮았다. 떠내려가지 않았다.

이튿날 아침 내가 개인 예배에 사용하는 묵상집에 이런 기도가 있었다.

생명과 사랑의 주여 …… 지혜로운 신뢰의 고요함으로 우리 영혼을 주의 임재 안에서 잔잔케 하소서.
(어제의 그 고요함이 바로 이것이었군요!)
암울한 기분과 죄의 그림자 위로 우리를 들어 올려 주소서.
(주님이 저를 이 슬픔 위로 들어 올려 주셔야 현실 도피의 유혹을 물리칠 수 있습니다.)
그리하여 우리의 삶을 향한 주의 뜻을 발견하게 하소서.

(예, 하나님! 제가 한 가지 확신하는 것은 이 슬픔의 한복판에서도 여전히 주님의 뜻을 알고 따르고 싶다는 것입니다.)

우리 주 예수 그리스도의 이름으로 기도합니다.

(그리스도 외에는 이 슬픔을 위로 받을 길이 없음을 압니다.)

아멘.

<연습>

　감사와 슬픔을 둘 다 가지고 비교적 쉽게 하나님과 함께 있을 수 있는 날들도 있다. 그러나 둘 중 하나가 강해지면 보다 절박한 것을 가지고 나아가야 한다. 아래에 제시한 연습은 하나님 안에 안식하는 하나의 방법으로써 장시간의 고독에 임할 때마다 활용하면 아주 좋을 것이다.

　먼저 몇 차례 심호흡으로 하나님의 임재 안에 자신을 가라앉힌다. 그리고 자신 삶의 음악을 끈다. 요즘 상처가 되는 부분이나 삭혀 둔 슬픔이 있는가? 거창한 것일 필요는 없다. 중요한 사람에게 상처를 받았거나 원하던 일에서 제외된 것처럼 비교적 사소해 보이는 일일 수도 있다. 다만 지금 현재 자신의 영혼을 짓누르는 것이 무엇이든 그것이 표면에 떠오르게 하면 된다. 큰일이든 작은 일이든 상관없다.

　슬픔을 경험하되 혼자가 아님을 의식한다. 당신은 당신을 사랑하고 슬픔을 함께 겪으시는 하나님의 임재 안에 있다. 무릎을 꿇거나 바닥에 납작 눕거나 눈물을 흘리거나 적막 속에 앉아 있는 것들과 같이 슬픔을 몸으로 표현하고 싶은 마음이 드는지 잘 살펴보고 그런 마음이 있거든 그렇게 한다. 다음의 말씀으로 기도하고 싶을 수도 있다. "나의 영혼이 잠잠히 하나님만 바람이여 나의 구원이 그에게서 나오는도다"
시62:1.

요즘 특별히 감사한 일이 있는가? 살맛을 느끼고 하나님
은 물론 다른 사람들과 진정한 교감을 느끼는 부분은 어디
인가?

하나님의 임재 안에서 감사를 충분히 경험한다. 자신을
향한 하나님의 선하심을 만끽하는 것 외에 무언가 해야 된
다는 부담을 모두 버린다. 하나님께 말씀드리고 싶은 일이나
생각을 일기장에 적고 싶다면 얼마든지 그렇게 하되 의무감
으로 하지는 않는다.

8장
광야

"내면의 침묵은 계속해서 찾고, 밤중에 계속해서 부르짖고, 심연the abyss으로 반복해서 몸을 구부리는 것에 달려 있다. …… 왜냐하면 하나님께서는 그분께서 찾아지실 때 우리에게 발견되시고, 그분께서 더 이상 찾아지지 않으실 때 우리에게서 달아나시기 때문이다."
_토마스 머튼Thomas Merton

고독과 침묵에의 초대는 한 그루의 로뎀 나무 아래 앉아 엔젤 케이크를 먹는 것으로 끝나지 않는다. 몸과 영혼의 기력이 회복되는 것은 앞에 놓인 여정의 선결 조건일 뿐이다. 순례의 길은 텅 빈 광야로 이어진다.

엘리야를 다시 깨워 음식과 물을 주면서 하나님의 천사는 이렇게 말했다.

"일어나 먹으라. 네가 갈 길을 다 가지 못할까 하노라."

엘리야의 투덜대는 소리가 상상이 된다.

"길이라니요? 제 뜻을 분명히 밝힌 줄로 아는데요. 전 끝났다고 했습니다. 끝났다고요. 지금은 외로운 로뎀 나무 밑에서 이 작은 소풍을 나름대로 즐기고 있습니다. 저는 아무데도 안 갑니다!"

때로 나도 영적 삶의 더 깊은 초대에 정확히 이렇게 반응하곤 했다. 겨우 되살아날 만하면 지금의 이 안식, 곧 몸과 영혼이 회복되는 이 인도하심이 시작일 뿐이라는 메시지가 들려온다. 앞에 또 다른 여정이 기다리고 있다는 것이다. 그것도 보통의 여정이 아니다. 사실상 그것은 쉬면서 공급받은 힘과 기력을 송두리째 요구하는 무척 고된 길이다. 때문에 그간의 모든 것이 준비일 뿐이었다는 한 가닥 의혹마저 든다. 나는 끝났고 비었으며 남은 것이 없다고 분명히 밝힌다 하더라도 소용없다. 하나님께서는 전체 상황을 다르게 보시며 말씀하신다.

"좋다! 영적 여정에 방해만 될 뿐인 모든 외적인 부속품을 네가 이제야 떨쳤구나. 나의 임재라는 더 중요한 체험에 갈급해질 만큼 비로소 빈 마음이 되어가고 있구나. 너 자신을 의지하던 태도를 비우고, 잠깐 만족을 줄 뿐인 것들을 비우게 되었구나."

그런데 쉬고 나면 다행히 상황이 차츰 변하고, 그래서 자신이 원하는 것도 보다 분명해진다. 엘리야도 죽도록 피곤할 때는 찾을 수 없었던 명료한 생각과 결의를 쉼을 통해서 얻게 되었다. 우리 역시도 마찬가지이다. 조금 쉬고 나면 차츰 시각이 되살아난다. 사방의 모든 것에 일일이 반응하는 것이 아니라 자기 삶의 진정한 소명이 느껴지기 시작한다.

엘리야의 경우에는 하나님을 만나려는 소원과 필요가 분명해졌다. 하나님과 만나기 위해서라면 모든 것을 떨칠 각오마저 생겼다. 그는 친밀한 관계들, 과거의 성공, 이스라엘의 선지자로서의 두각, 익숙했던 예배 형태와 의식과 장소, 일체의 신체적이고 정서적인 안전을 적어도 당분간은 등질 마음이 있었다. 하나님을 만날 수 있는 **순전한 가능성**을 위해 그 모두를 등질 마음이 있었다. 하나님을 만나야만 삶의 환멸이 치유될 것 같았기 때문이다. 하지만 하나님께서 오신다는 보장이 없다는 것을 누구보다 잘 아는 사람이 선지자이기도 하다.

그래서 엘리야는 음식과 물로 다시 기력을 돋운 후 일어나 시내산이라고도 하는 호렙산으로 길을 떠난다. 그런데 왜 하필 호렙산이었을까? 엘리야는 삶의 여정과 영적 체험을 통해 그곳이 가능성의 장소임을 익히 알고 있었기 때문이다. 그곳은 이스라엘 백성이 가장 아쉬울 때 하나님을 만났던 곳이다. 그곳의 불붙은 떨기나무에서 하나님께서는 모세를 부르셨다. 또한 후에 하나님께서 약속의 땅에 함께 가시리라는 것을 절실하게 알아야만 했을 때, 하나님께서는 그 산을 친히 지나가시며 모세에게 어디를 가든 함께 하시겠다는 확신을 주셨다. 그리고 거기서 하나님께서는 모세에게 십계명을 주셨고, 택하신 백성과 언약을 맺으셨다. 그러므로 지구상에 하나님을 만날 희망을 품고 가야할 곳이 있다면 단연 호렙산이었다.

엘리야는 하나님의 임재를 체험하는 데 굶주려 있었고, 그 굶주림은 바알의 단을 불사르며 만천하에 드러난 하나님의 권능으로도 채워지지 않았다. 그는 자기가 구하는 것을 어디에 가서 찾아야 할지 어렴

풋이 알았고, 그래서 그 방향으로 끝까지 단호하게 걸어갈 각오가 서 있었다.

제법 틀이 잡히고 북적이는 삶의 자리를 **떠난다**는 각오 외에도 엘리야에게는 보다 깊은 각오가 또 하나 있었다. 곧 자신이 구하는 것을 얻기 위해 황량한 광야로 들어간다는 각오였다. 나는 이 글을 쓰면서 성경책의 성지 지도를 보았는데, 호렙산이 광야로 둘러싸여 있음을 처음 알았다. 광야도 하나가 아니라 대여섯 개나 된다. 시내 광야, 신 광야, 술 광야, 바란 광야, 동부 광야……. 하나님께서 자기 백성을 찾아오신 거룩한 곳, 그 사방에 있는 광활한 빈들을 보자니 숨이 막힐 것만 같았다.

엘리야는 이러한 황량한 광야를 **밤낮 사십 일**이나 걸어 마침내 호렙산 기슭의 한 동굴에 들어갔다. 그리고 하나님께서 오시기를 기다렸다. 무엇이든 조금이라도 의미 있는 일이 언제 어떻게 일어날지, 아니 일어나기나 할지 전혀 알 수 없었지만, 그래도 그는 그런 일이 일어날 때까지 무작정 빈들에 있을 작정이었다.

엘리야의 광야 경험은 하나님을 만나러 가는 길에서 우리가 통과해야 하는 광활한 빈들에 대한 생생한 은유이다. 하지만 우리는 영적 삶에 관한 이러한 진리를 얼마나 피하려 하는가! 광야의 경험은 너무 고통스러운 것이기에 그것을 피할 수만 있다면 못할 일이 없을 정도이다. 결국 우리들 대부분은 아주 오래오래 그것을 피한다. 그러나 아무리 그래도 광야를 지나려는 각오가 하나님을 만나기 위한 전조라는 사실은 피할 수 없다. 엘리야의 삶도 그랬고 오늘날 우리의 삶도 마찬가지이다. 댄 알렌더Dan Allender는 『치유의 길The Healing Path』에서 이렇게 말한다.

우리의 영적 여정은 반드시 광야를 지나야 한다. 그렇지 않으면 우리의 치유는 우리 자신의 의지와 지혜의 산물이 되고 만다. 우리는 주변의 소음에 의존하며 살아온 자신의 모습을 광야의 침묵 속에서 비로소 깨닫는다. 안전과 쾌락을 찾아 하찮은 장신구와 값싼 물건에 집착하고 매달리던 모습도 광야의 가난 속에서 비로소 똑똑히 보인다. 광야는 영혼의 교만을 몰아내고, 몸과 영혼을 굶주림과 배고픔으로 울부짖게 만든다. 광야에서 우리는 하나님을 신뢰하거나 죽거나 둘 중 하나이다.

사실 내가 경험한 광야의 공허와 그것이 비록 고통스럽지만 또 한편으로 내게 하나님의 실체를 열어주는 방법을 생각해보면 나의 영적 여정을 한눈에 볼 수 있다. 내가 가장 먼저 경험한 공허 가운데 하나는 깡마르고 볼품없는 십대의 소녀로 찾아왔다. 안경에다 치열 교정기, 거친 피부, 게다가 옷까지 물려받아 입은 '목사의 딸'이 나였다. 완벽한 피부와 치아, 볼록한 가슴, 응원단복을 고루 갖춘 '예쁜 아이들'을 지켜보며 내가 경험한 공허와 동경은 가히 헤아릴 수 없는 것이었다. 유일하게 이 갈망을 조금이라도 건드려 준 것은 내 생각과 기도와 하나님께 대한 실망을 일기장에 쓸 수 있었다는 것이다. 정체를 밝히면 답도 있다고 생각했던 걸까. 하나님께 글이라도 써서 내 공허함 속에도 여전히 하나님께서 존재하신다는 신념을 붙들려고 했던 걸까. 그것도 아니면 고교 급우들에게는 있으나마나한 존재였지만 그래도 일기의 글을 보면 내 존재가 믿어졌기 때문일까. 어쨌든 그때는 힘들 때마다 일기로 하나님께 내 속을 다 내보이면 좀 나아진다는 것밖에 몰랐다.

지금은 고등학교 시절에 그 같은 공허를 경험한 덕에, 그리고 대개 그런 공허를 무시하는 십대들의 방식을 따르지 않은 덕에 나는 절벽에 매달린 사람처럼 절박하게 하나님께 매달릴 수밖에 없었다는 것을 안다. 그래서 하나님께 대한 나의 용량도 커졌고 하나님의 임재도 보다 깊이 받아들일 수 있었다. 만일 내 삶에 내가 바라던 것들이 다 있었다면 그런 것들은 전혀 불필요했을 것이다.

물론 나의 공허의 경험은 거기서 끝나지 않는다. 그것은 오늘까지도 계속되고 있다. 지난주만 하더라도 나는 고독의 하루가 필요해 휴가를 내야만 했다. 몇몇 관계에서 인내심이 떨어져 닦달하는 것이 느껴졌고, 활동 속도도 제정신을 잃기 직전이었으며, 삶의 한계를 수용하지 못해 불안이 가중되고 있었기 때문이다. 무언가 정상이 아니었다. 고독 속에 하루를 보낼 외딴곳으로 가면서 나는 내 삶의 표면 밑에 입을 떡 벌리고 있는 익숙한 공허와 동경을 새삼 목격했다. 한동안 그곳을 하나님께 열지 않았으므로 나는 예전에 사용했던 온갖 방식으로 공허를 달래려 하고 있었다. 다행히도 아직까지는 모든 사람이 눈치챈 것은 아니었지만, 나와 내 측근의 사람들에게만큼은 분명하게 드러났다. 따라서 신속하게 주목할 필요가 있었다.

그간의 세월도 있으니 이제 공허한 광야를 지나는 것이 수월하겠다고 생각할지도 모르지만, 나는 아직까지도 주춤거린다. 그날 내 생각은 온통 콩밭에 가 있었다. 쇼핑을 하거나 소설을 읽고 싶었고, 실제로 고독의 요구에 응하기보다 고독에 관한 책을 한 장 더 쓰고 싶었다. 설거지나 빨래 개는 일조차 매력 있어 보였다.

그러나 공허한 광야를 지나지 않으면 장기적으로 우리에게 아무런 도움이 안 된다. 오히려 공허의 나락은 점점 넓어져 마침내 그 아귀 같은 굶주림으로 우리가 가장 아끼는 것들마저 삼키기 시작한다. 엘리야처럼 우리 역시 '저 밖의' 공허한 광야를 지나야만 '이 안의' 광야인 동굴 입구에 도달할 수 있다. 이것은 강한 용기를 필요로 한다. 그래서 우리들 대부분은 평생 공허하고 외로운 경험을 피하려고 애쓴다. 하지만 고독은 어떤 쉬운 도피도 허용하지 않는다.

· · · · · ·

그날 나는 내 삶에서 지나야 할 적어도 세 가지의 광야를 깨달았다. 첫째는 내 결혼생활에서 나를 슬프게 하는 빈자리였다. 둘째는 내가 어찌할 수 없는 해결되지 않은 관계였다. 마지막 셋째는 몸에 입은 아픈 부상으로 생명력을 더해 주는 활동들을 할 수 없었다는 것이었다. 이런 광야들을 하나님 앞에서 인정하는 데만도 꽤나 시간이 걸렸다. 나는 정말 그 속에 들어가고 싶지 않았다. 그날의 문제에는 해결이 없음을 알았기 때문이다. 게다가 그런 불편한 상태에서 벗어날 길도 전혀 없다고 생각했다.

하지만 한나절쯤 지나자 그 속에 들어갈 준비가 되었다. 우선 나는 화가 나 있었다. 내가 화날 때면 매우 좋지 않기 때문에 나는 그 상태가 두려웠다. 하지만 어쨌든 하나님께서 이런 나를 받아주실 것이라 믿고 그분께 아뢰었다. 나의 분노 아래에는 슬픔이 있었다. 역시 내가 별로 좋아하지 않는 것이었다. 분노에 비해 슬픔은 나약하고 쓸모없는 감정 같았다. 적어도 분노는 문제에 대해 무언가 행할 에너지라도 준다. 반면 슬픔은 출구를 찾기도 전에 나를 집어삼킬 듯 위협하는, 바닥에 캄캄한 물이 찬 깊은 구덩이와도 같다.

그러나 그날 하나님께서 나를 찾아오신 방법은 내가 울도록 도와주신 것이었다. 평소에 잘 울지 않던 나를 말이다. 나는 감정에 삼켜질까 봐 두렵기도 했지만, 궁극적으로 눈물이 선물임을 새삼 깨달았다. 눈물 덕에 나의 속은 누그러졌고, 내려놓고 호흡할 수 있었으며, 부딪치고 싶지 않은 현실에 방어하며 계속 자신을 움켜쥐기보다 마음을 열 수 있었다. 그동안 나는 나도 모르는 사이에 잔뜩 굳어 있고 닫혀 있던 것이다.

먹구름이 비로 쏟아진 후 파란 하늘이 나오듯이 한바탕 울고 나자 모든 것이 보다 선명해졌다. 나의 불안한 노력과 분노가 걷혔으며 슬픔도 더는 두렵지 않았다. 물론 울고 난 뒤에도 공허하기는 했으나 그것은 다른 종류의 공허였다. 닥치는 대로 답을 붙잡고 움켜쥐게 하는 공허와는 달리 그것은 나를 부드럽게 하고 마음을 열어 주었다. 받기 위해 내미는 손처럼 말이다. 하지만 무엇을 받는단 말인가? 나도 몰랐다. 나는 집에 갈 때까지 그렇게 공허 속에 있었다.

고독의 시간을 접으려니 별로 해결된 것도 없는 것 같아 약간 당혹스러웠다. 그러나 막상 삶 속에 다시 들어가 사람들을 대하노라면 내 안에서 무언가 달라진 것을 깨닫게 된다. 언제 어떻게 된 일인지는 잘 모르지만, 나는 더 이상 공허에 저항하지 않고 있음을 느꼈다. 하나님과 함께 공허의 광야를 지나고 나니 전처럼 두려운 마음은 없었다. 나는 내 결혼생활의 빈자리를, 라이너 마리아 릴케Rainer Maria Rilke가 "참사랑은 여기 있으니 맞닿은 두 고독이 서로 지켜주고 존중하는 것"이라고 말한 그 실체의 일부로 인식했다. 나는 적어도 그날만큼은 결혼도 인간 경험의 일부인 분리의 아픔을 없애줄 수 없다는 사실을 받아들였다. 궁극적으로 이런 경험이 좋은 것이라는 사실을 나는 수용할 수 있었다. 내 마음이 계속 하나님을 향하게 해주기 때문이었다.

나는 해결되지 않은 관계의 고통과 더 이상 싸우지 않았다. 해결하려고 애쓰는 대신 그 고통을 경험했다. 고통이 느껴질 만큼 내가 아직 관심을 가지고 있다는 것이 오히려 다행이었다. 그것은 내가 살아있고 싶은 모습으로 살아있다는 뜻이었다. 고통 때문에 나는 기도했다. 비록 해결이 부재하더라도 그것은 우리의 삶이 지닌 미결 과제의 일부일 뿐임을 적어도 그날만큼은 받아들였다. 아니 해결되지 않는 일도 우주적 차원에서 보면 그리스도 안에서 이미 해결되었음을 나는 알았다.

나는 다친 발목에 대한 두려움과 염려와 좌절을 직시했다. 오늘 걷거나 달리거나 자전거를 탈 수 없음에 대한 좌절과 슬픔, 내가 감당할 수 있는 것은 바로 여기까지였다. 그래서 나는 마음속에 반경을 그었다. 내일의 잠재적 염려 속에 미리 뛰어들지 않기로 하나님과 동의했다. 내 발목은 완치될까? 나는 다시 달리고 자전거를 탈 수 있을까? 그렇게 좋아하게 된 신체 활동들을 하지 않고 어떻게 살까? 이런 염려들은 내 몫이 아니다. 내일 일은 내일 가면 풀릴 것이다.

그날 고독이 내게 준 선물은 내가 공허 속으로 들어갈 수 있었다는 것과 그런데도 길을 잃지 않았다는 것이다. 생각해 보면 내게 가장 두려운 것은 그것이다. 공허 속에서 길을 잃고 영영 광야에 남는 것 말이다. 그러나 그런 일은 없다. 대신 알아채기 힘든, 거의 눈에 띄지 않는 채움이 내 영혼 안에서 일어난다. 비어지는 경험은 괴롭지만 비움은 채움의 선결 조건이다. 알고 보면 하나님의 임재는 우리의 영혼에 그분을 받아들일 공간이 있을 때 가장 넘치게 부어진다. 인간 영혼의 광활한 빈들에 비로소 하나님의 자리가 있다.

<연습>

우리 모두의 삶에는 텅 빈 것처럼 느껴지는 자리들이 있다. 때로 텅 빈 곳들과 꽉 찬 곳들이 동시에 공존하기도 한다. 우리는 대개 빈자리를 피하려 하지만 하나님께서는 그런 우리의 공허의 한복판에서 우리를 만나기 위해 기다리신다. 지금 당신의 삶의 빈자리는 어디인가? 당신도 엘리야처럼 그것을 인정하고 그 속에 들어갈 마음이 있는가?

고독의 시간 동안 하나님의 임재 안에서 기꺼이 빈 마음이 되기 위해서 두 손을 가만히 무릎 위에 펴고 앉는다. 자신의 삶의 빈자리에 앉아, 그것이 하나님의 임재 자체를 받는 그릇이라고 상상한다. 빈자리를 우리의 방식대로 채워 달라고 하나님께 요구할 수 없음을 기억한다. 자신의 공허를 새로운 방식, 즉 더 이상 무섭고 캄캄하며 황무한 곳이 아니라 개방과 수용과 영적 가능성의 자리로 경험하는 것에 만족한다.

9장
자신과의 대면

"고독은 변형의 용광로이다. …… (그것은) 위대한 투쟁과 위대한 만남의 장소이다. 곧 거짓 자아의 충동들에 대항하는 투쟁이며, 새로운 자아의 실체로서 그분 자신을 제공하시는 사랑의 하나님과의 만남이다."

_헨리 나우웬Henri Nouwen

엘리야의 이야기는 고독과 침묵이 임시변통이 아님을 말해준다. 엘리야는 밤낮 사십 일 동안 광야라는 바깥 빈들을 걸었지만 그래도 하나님께서는 나타나시지 않았다. 엘리야가 내면의 빈들인 동굴 속에 있어도 하나님께서는 하나님다운 일을 하시지 않았다. 엘리야는 캄캄한 밤이 다하도록 기다리는 길밖에 없었다.

엘리야의 이야기 가운데서 이 부분은 곁길로 슬쩍 빠지고 싶어지는 대목이다. 나야말로 기다림이 싫기 때문이다. 식품점에서든 병원에서든 미장원에서든 잠시만 대기 시간이 있어도 나는 이 비생산적인 시간의 사용에 대한 반발심이 속에서 부글부글 끓어오른다. 기다려야 할 필요성과 기다리기 싫은 조급증 사이에 끼어 있는 내 처지를 깨닫는 순간 좌절은 더 심해진다. 물론 나는 카트를 두고 식품점을 나올 수도 있다. 하지만 그러면 필요한 식료품을 포기해야 한다. 대기 시간이 너무 길다고 씩씩거리며 병원을 나오면 그만이지만, 그러면 필요한 진료를 받을 수 없다. 내 위주로 돌아가지 않는 세상에 분개하며 미장원을 나올 수 있지만, 그래도 머리카락은 잘라야 한다.

영혼의 세계에서도 기다림은 우리에게 똑같은 고뇌를 안겨 준다. 우리는 무언가가 필요해서 영혼의 대기실에 앉는다. 물론 박차고 나가면 그만이지만 그래 봐야 자신의 필요가 채워질 수 있는 곳을 떠나는 것일 뿐이다. 그래서 우리는 어쩔 수 없이 우리의 삶에 대한 하나님의 타이밍과 주도권에 완전히 내맡겨진 채 그 자리에 남아 기다린다.

그리고 조만간 하나님께서 나타나신다. 엘리야의 경우에는 질문을 한 가지 들고 오셨다. 표면상 간단한 질문이지만 이상하게도 하나님께서 물으시면 예리하게 우리 속을 꿰뚫는 질문이 된다.

"엘리야야, 네가 어찌하여 여기 있느냐?"

좋은 질문이다. 내가 고독 속에서 자신에게 자주 던지는 질문이기도 하다. 나는 여기서 뭐하고 있나? 무엇을 하고 있나? 아무것도 하는 일이 없을 때 나는 누구인가? 아무것도 하지 않고 여기 앉아 있는 나를 세상은 못 본 체 그냥 지나치지 않을까?

영혼의 대기실에서 기다리는 진짜 이유를 대충 꾸며대기는 참으로 쉽다. '나는 잠시 휴가가 필요했다. 경관의 변화가 필요했다. 할 일이 별로 없어서 잠시 이곳 광야에서 시간을 보내려 했다.' 그러나 하나님께서 친히 던지신 질문, 우리를 더 깊은 차원의 자기 인식으로 초대하는 질문에 그와 같은 피상적인 대답으로 뭉그적거리지 않는 것이 최선이다. 우리를 광야로 몰아내 안전지대 저 바깥에서 계속 기다리게 만드는 것이 절박감이든 절망이든 그 무엇이든, 진실 그대로 드러내는 것이 최선이다.

엘리야처럼 솔직히 털어놓아야 한다. 엘리야는 졸지에 자신을 드러내며 이렇게 대답했다왕상19:10.

> "내가 만군의 하나님 여호와께 열심이 유별하오니 이는 이스라엘 자손이 주의 언약을 버리고 주의 제단을 헐며 칼로 주의 선지자들을 죽였음이오며 오직 나만 남았거늘 그들이 내 생명을 찾아 빼앗으려 하나이다"

이 대답에는 좋은 면과 나쁜 면, 그리고 흉한 면이 다 있다. 엘리야가 하나님의 임재 안에서 보고 짚어낼 수 있었던 좋은 면은 여호와를 위한 자신의 열심이었다. 하나님의 능력을 목도할 필요가 있던 많은 무리 앞에서 지금껏 그는 막힘없이 뚫린 도관이었다. 하나님의 능력은 그 도관을 타고 물리적 실체로 흘렀다. 한편 나쁜 면은 이스라엘 백성이 하나님을 버리고 일부 선지자들을 죽였다는 것이다. 예언의 말씀을 통해 백성을 정로로 가게 하는 것이 소명인 그에게 이것은 무서운 고백이었다. 엘리야가 자인해야 했던 흉한 면은 자신이 시각을 잃고 환멸에 빠졌으며, 자기의 믿음이 사상 최대로 바닥에 떨어졌다는 것이었다. 그는 그간 경험했던 승리는 떠오르지 않고 패배밖에 기억나지 않았다. 이스라엘에 남은 신실한 선지자가 엘리야 혼자만이 아니었건만 그의 기분으로는 그런 것 같았다. "오직 나만 남았거늘 그들이 내 생명을 찾아 빼앗으려 하나이다."

이렇게 하나님의 임재 안에서 자신의 참 모습을 보고 시인하려는 자세야말로 영적 여정의 핵심이다. 그러나 시간이 걸린다. 영혼의 연약한 미해결 부분을 과감히 드러낼 만큼 하나님과 자신이 안전하게 느껴지려면 시간이 필요하기 때문이다. 우리는 자신의 미해결 부분에 수치심을 느끼거나 정죄당하는 데 너무 익숙해서 하나님께서 내 모습 전체를, 즉 좋은 면과 나쁜 면과 흉한 면을 모두 사랑으로 부드럽게 대해주시는 곳이 있음을 잘 믿지 못한다. 고독이 바로 그런 곳이다. 그러나 이것을 신뢰하려면 어느 정도 시간이 필요하다.

기다림이란 일면 그런 것이다. 즉 하나님께서 매우 안전하게 느껴져 더는 우리 자신을 방어하거나 그분 앞에서 숨지 않는 것이다. 사사건건 통제하고 무난해 보이려는 태도를 우리 자존심이 끝내 포기할 때까지 기다리는 것이다. 이미지를 관리하려는 시도를 내려놓을 때 찾아오는 공허를 기꺼이 받아들이는 것이다. 적어도 자신이 감당할 수 있는 만큼 진실을 대면할 준비가 되었을 때, 우리는 이미지 관리를 그만둘 수 있다. 이 모든 것이 시간을 요구한다.

내 경우에는 좋은 면과 나쁜 면, 그리고 흉한 면을 다 쏟아낼 만큼 하나님과 내가 안전하게 느껴지기까지 오랜 시간이 걸렸다얼마나 오래 걸렸는지는 밝히고 싶지 않다. 그러나 결국 외부의 혼돈은 가라앉았고, 마침내 내게 주시는 하나님의 질문이 들려왔다. "루스, 네가 어찌하여 여기 있느냐." 그리고 나는 감히 솔직하게 대답할 준비가 되었다.

저는 주님을 위해 열심이 특심했습니다. 다른 사람들에게 제 삶을 투자했고 믿음을 지켰습니다. 모험도 감행했습니다. 다른 사람들을 사랑하고 섬기고 인도하느라 매우 바빴습니다. 그런데 솔직히 지금 저는 공허합니다. 정말 중요해 보이는 일로 정말 바빴지만 막상 저 혼자가 되면 외롭고 슬픕니다. 아주 솔직히 저는 화가 납니다. 주님의 사람들에게서 보고 겪은 일들 때문에 화가 납니다. 그리스도인의 삶이 이렇게 공허해진 것에 화가 납니다. 이런 분노와 슬픔이 저는 두렵습니다. 저는 영적 삶이 이보다 나을 줄 알았는데, 이젠 이런 일들이 다 무슨 소용이 있나 하는 생각이 듭니다. 나는 혼자인 것만 같습니다.

어려운 시인이다. 우리의 참 모습을 드러내는 고백이다.

· · · · · ·

우리 생각에 하나님께서는 이 시점에서 우리를 대화에 끌어들이시거나 혼내시거나 바로잡아주려 하실 법도 하다. 우리를 설득하여 현

상태에서 벗어나게 하시거나 실의에 빠진 우리를 감동적인 훈시로 건져내려 하실 법도 하다. 그러나 아니다. 적어도 엘리야에게는 그러시지 않았다. 그보다 하나님께서는 엘리야에게 자아 전체좋은 면과 나쁜 면, 그리고 흉한 면까지가 그대로 밖으로 나가 산에 서서 그분의 임재가 지나가는 것을 기다리게 하신다.

우리를 변화시키는 하나님의 임재와의 참된 만남은 이렇게 자기를 바로 알려는 마음과 어떤 연관성이 있다. 그러나 그보다 먼저 우리는 견딜 수 없이 무서울 수도 있는 혼돈의 계절을 지나야 한다. 엘리야가 자아 전체를 하나님께 열어 놓고 기다리자, 여호와 앞에 산을 가르고 바위를 부술 만큼 크고 강한 바람이 있었다. 그러나 여호와께서는 그 바람 가운데 계시지 않았다. 그 후에 지진이 있었으나 여호와께서는 그 지진 가운데도 계시지 않았다. 지진 후에 불이 있었으나 여호와께서는 불 가운데도 계시지 않았다.

나는 바람과 지진과 불이 정말 물리적으로 있었다고 믿는다. 그러나 이런 물리적 혼돈은 우리가 하나님의 임재 안에 머물 때 밀려드는 내면의 혼돈을 은유적으로 표현한 것이라고도 믿는다. 불변하는 실체이신 그분 안에 충분히 오래 머물면, 가식과 행위를 비롯하여 **우리의 자아상을 떠받쳐온 다른 모든 것들이** 벗겨져 나간다. 외부의 산만한 요소가 벗겨지고 나면 우리는 가장 깊은 차원의 혼돈이 내 안에, 바로 내 중심에 있다는 사실에 부딪친다. 그곳에서 온갖 의문과 감정이 우리를 난타한다. 분주한 삶의 이면에 감쪽같이 숨어 있던 잘못된 사고, 존재, 그리고 행동방식이 갑자기 **표면으로** 떠올라, 그간의 우리 정체의 기초와 구조물을 쑥대밭으로 만든다. 견고하고 마냥 든든해 보이던 것들, 즉 하나님의 정체와 그분을 만날 수 있는 자리에 대한 인식, 자아 인식과 세상에서 내 정체감을 얻는 방식에 대한 인식, 내 삶과 다른 사람들의 삶의 결과를 내가 얼마나 통제할 수 있는가에 대한 인식 등이 우리보다 확실히 강한 세력에 떠밀려 산산조각이 난 채 온 사방에 난무한다.

"저 밖에서 계속 나 자신을 입증하지 않아도 나는 정말 가치 있는 존재인가? 정신없이 이런 저런 일들로 세상에 내 존재를 알리지 않을 때 나는 누구인가? 나와 내 사랑하는 이들에게 해가 되는 줄 알면서도 미친 듯한 나의 생활 속도를 멈추기가 이토록 어려운 까닭은 무엇인가? 이런 아픔과 슬픔을 나는 어찌할 것인가? 나와 하나님의 관계에서 참되고 실제인 부분은 무엇이며, 환멸에 지나지 않는 부분사실이라고 믿고 싶지만 정작 사실이 아닌 것들은 무엇인가? 하나님께서는 정말 내 영혼의 외로움과 공허와 갈망을 채워 주시기에 충분한 분인가?"

이런 질문들이 고독 속에서 내 세상을 흔들어 놓았다. 또한 내가 하고 있던 많은 일들에 의문을 제기했다. 내가 하고 있는 많은 활동의 동기가 생각만큼 순수하고 이타적이며 '영적'이지 않음을 나는 비로소 깨달았다. 이런 질문들이 처음 찾아온 순간, 나는 이때까지의 수고와 봉사의 동기가 다분히 사람들을 기쁘게 하고 그들, 특히 권위의 위치에 있는 사람들에게 나의 가치를 입증하기 위한 노력이었다는 사실을 직시해야 했다. 시간이 가면서 나는, 비록 내게 하나님을 섬기려는 진실한 열망도 있지만, 나 자신을 입증하려는 강박적인 필요도 있음을 인식하게 되었다. 그런 강박관념 때문에 나는 늘 과잉 헌신에 쫓기며 살았던 것이다.

하나님의 임재 안에서 이것을 보고 시인하기란 혼란스럽고 두려운 일이었다. 더 암담했던 것은 이렇게 행위에 의존하여 나의 가치를 입증하려는 습성이 너무나 뿌리 깊어 어떻게 고쳐야 할지 막막했다는 사실이다. 일단 이런 습성이 실체를 드러내기 시작하자, 당장 맡은 일들을 어떻게 감당해야 할지조차 묘연했다.

당신의 질문과 인식의 내용이 나와 다를지는 모르지만 거기서 비롯되는 혼돈의 경험은 똑같다. 고독의 여정에서 이 부분에 대해 분명하게 말할 수 있는 것은 진즉에 시간을 내어 쉬어 두기를 잘했다는 것이다. 자신의 참 모습에 처음 눈뜰 때 몰려오는 폭풍의 한복판에서 버티고 서 있으려면, 앞서 안식하면서 얻은 힘을 다 소요해야만 되기 때문이다. 차츰 드러나는 우리의 모습은 통제하고 이미지를 관리하는 데 열중하는 자존심 강한 자아일 수도 있다. 또는 타인의 인정으로 자신을 채우려는 굶주리고 공허한 자아일 수도 있고, 빈틈없는 사람으로서 자신의 정체를 지키려 애쓰는 깨어진 자아일 수도 있다. 그리고 치유 없는 곳에서 치유를 찾으려고 엄청난 에너지를 소비한 상처받은 자아일 수도 있다.

• • • • • •

고독과 침묵의 여정의 어느 한 자리에서 상처받은 나의 자아를 더 똑똑히 보게 된 일이 기억난다. 당시 나는 기독교 공동체 내의 남녀관계에 관한 책을 쓰던 중이었다. 5장까지 마쳤을 때 나는 다만 그동안 쓴 내용을 읽고 어떤 느낌이 드는지 보기 위해 하루 동안 고독의 시간을 내기로 했다.

아침 9시에 하루가 시작되었다. 우선 침묵과 기도의 시간을 통해 나는 꼭 보아야 할 것들을 보게 해 달라고 하나님께 청한 후 다섯 장을 전부 통독했다. 나의 느낌이 어땠을까? **싫었다!** 전체적으로 책의 어조에 분노가 배어 있어 귀에 거슬렸고, 주로 설교와 논쟁으로 요지를 피력하고 있었다. 남녀 모두에게 설득력 있게 다가가야 할 책인데도 남자들의 경험과 고충을 공정히 담아내지 못한 채 여자들의 경험과 시각 쪽으로 확실히 편향되어 있는 것이 보였다. 뿐만 아니라 내 책은 참신한 통찰을 제시한 것이 아니라 남들의 연구와 저작을 그대로 게워낸 것 같았다. 가슴이 무너졌지만 적어도 내가 보기에는 출판의 가치가 전혀 없었다.

그 시점에서 책은 내게 있어 치유되지 않은 매우 중요한 부분을 비춰 주는 거울이 되었다. 거울을 들여다보니 해결되지 않은 나의 상처와 분노가 책 속으로 스며든 것이 보였다. 또 한 번 자신을 입증하려 드는 논쟁적이고 팍팍한 나의 모습이 보였다. 아직도 사랑하지 못하는 사람들, 특히 그리스도 안의 형제들이 보였다. 다른 사람들의 이야기와 경험을 진중히 들은 사람이 아니라 자신에게 몰입되어 있는 사람이 보였다. 비참했다. 설상가상으로 이미 출판 계약이 체결되어 마감 날짜와 출간 날짜까지 잡혀 있었다. 책의 어조와 내용을 좀 더 유익한 쪽으로 바꾸려면 대대적인 작업이 필요했다. 그러려면 우선 내 속부터 한 차원 달라져야 할 텐데 그 방법이 묘연했다.

오전 내내 나는 거울 속에 드러난 나의 참 모습 앞에 그대로 앉아 있을 수밖에 없었다. 그동안 집필 작업과 나 자신이 완전히 제멋대로 움직인 것 같아 정말 어찌해야 할지 막막했다. 새로운 자기 인식에 따른 혼돈 속에 그저 앉아 있을 뿐이었다.

점심시간이 지났는데도 여전히 나는 새로 알게 된 사실에 마냥 얼어붙어 있었다. 그러나 오후 몇 시간을 계속 쉬는 동안 조금씩 고요함이 찾아들기 시작했다. 내가 혼란 속에서 길을 아주 잃어버리는 것이 아니라, 오히려 지금은 비록 매우 힘든 곳을 지나고 있지만 결국에는 더 없이 잘될 것이라는 신뢰가 생겨났다. 여느 때처럼 군건한 뜻과 사랑으로 나와 함께 하시는 하나님이 나의 지각을 초월해 느껴졌다. 그렇게 그대로 앉아 있기만 했는데도, 그 난처한 곤경의 이면으로 모종의 자유와 치유가 한순간의 섬광처럼 보이기 시작했다.

그 후 오후 시간 가운데 하나님께서 당분간 집필을 보류하는 것이 좋겠다는 감화를 주시기 시작했다. 두어 달 동안 내 주변의 남자들 말을 그냥 듣되 아무 속셈 없이, 그들을 설득하려는 시도 없이, 그들을 이해시키려는 의도 없이, 그저 그들을 이해하기 위해 애쓰라는 하나님의 인도하심이 느껴졌다. 하나님의 지시는 분명하게 들려왔다. "너는 네 주변의 남자들 말을 들어 보지 않았다. 그들한테 네 말을 듣게 하느라 정신이 팔려 정작 그들의 사연과 경험과 고충은 듣지 않았다. 한동안 네 사고의 흐름을 멈추고 듣지도 않았으면서 어찌 이 책에 남자들의 시각을 반영할 수 있겠느냐? 지금이 그때이니 결과는 나에게 맡기고 귀담아 듣도록 해라."

그래서 나는 그대로 했다. 집필을 중단하고 남성 친구들, 친지들, 직장 동료들과 연속 인터뷰를 마련하여 그들의 사연과 고충과 두려움과 이슈를 들었다. 남자들과의 우정과 대화에 더 깊이 들어가는 몇 개월의 과정이 그렇게 시작되었고, 이는 내게 깊은 영향과 삶의 변화를 가져다주었다. 이런 대화들을 통해 나는 도전을 받고 여유가 생겼으며, 지적인 기술과 인지적 변론에 집중하고 의존하기보다 사랑의 모험에 나설 수 있었다.

그렇게 보다 부드러워진 사랑의 자리에서 나는 제6장을 썼고, 이를 나머지 다섯 장과 합하여 출판사에 보냈다. 몇 주 후 담당 편집자가 내게 전화를 걸어왔다. "첫 다섯 장은 별로였지만 제6장은 정말 마음에 들었습니다." 그런 변화를 가져온 그동안의 내막을 그녀는 당연히 몰랐다. 하지만 나는 알았다. 전반부를 고쳐 쓰고, 후반부 역시 하나님의 임재 안에 있는 자기 인식에서 비롯된 배움과 변화의 마음가짐으로 써 나가는 고되고도 매우 보람찬 작업은 그렇게 시작되었다.

· · · · · ·

더 깊은 자기 인식이라는 거친 땅에서 자신을 발견할 때, 우리는 몹시 외로울 수 있고, 창피할 수 있으며, 이런 영혼의 요동을 자기 혼자만 경험하는 것처럼 느낄 수도 있다. 우리 가운데 일부의 사람들, 특히 그리스도인이 된 지 오래된 이들에게는 고독 중에 만나는 자기 모습이 충격적일 수 있다. 자신이 그보다는 훨씬 나은 줄 알고 있었고, 또 그보다는 멀리 온 줄 알고 있었기 때문이다. 어느덧 우리는 전혀 다른 인상을 풍기며 가면을 쓰는 수완이 제법 훌륭해졌다. 게다가 삶의 상처와 고통에 반응하여 자신이 만들어낸 자아 외에 다른 자아가 있다는 것도 알지 못한다. 짜깁기한 자아를 너무 오랫동안 자기 정체로 알고 그 에너지에 의존하여 전진해 온 터라서, 그 자아가 죽으면 자신이 어떤 모습이 될지도 알지 못한다. 지금까지 우리가 알고 있던 자아는 그것뿐이다. 그러다가 이제 갑자기 위험한 벼랑 끝에 서게 된 것이다. 하나님께서는 우리에게 거기 서서 기다리라고 하신다.

그런데 여기가 바로 영적 노정에서 지극히 당연한 자리임을 알면 위로가 된다. 아니 사실은 반드시 그것을 알아야 한다. 고전적인 기독교 전통에서는 이를 개안illumination-실제 현실에 깨어남과 정화purgation-내면의 거짓 자아를 벗음의 과정이라고 했다. 이를 모르면 그것을 여정의 가장 중요한 구간의 하나로 보지 않고 오히려 자신이 영성의 길에서 추락하고 있는 것으로 보고 두려워할 수도 있다.

정죄 구간의 특징은 가차 없이 벗는 것, 곧 그동안 자기가 알아온 유일한 자아에 대해 죽는 것이다. 이 구간에서는 지금까지 의지해 온 지적인 범주들, 관계 방식과 행동 방식, 심지어 신학적 신념과 영적 습관까지 깨지고 무너지기 시작한다. 방향 감각을 잃고 깊은 무력감에 빠진다. 완전히 통제력을 잃고 엉망진창이 된다.

여호와의 영광을 보던 순간 이사야가 이른 곳이 바로 여기이다. 속에서부터 솟아난 그의 즉각적 반응은 "화로다 나여 망하게 되었도다 나는 입술이 부정한 사람이요 나는 입술이 부정한 백성 중에 거주하면서"였다사6:5. 다윗도 바로 여기서 기도로 하나님께 그의 분노와 증오를 토해내는 한편시139편, 자기를 살펴주시고 더 바른 길을 보여 달라고 청했다. 다메섹 도상에서 하나님의 임재의 빛에 눈이 먼 사울에게도 이 같은 과정이 시작되었다. 그는 사흘간 흑암 중에 지내다가 "눈에서 비늘 같은 것이 벗어져 다시 보게" 되었다행9:18. 그 사흘 동안 그는 자신의 참 모습을 보았고 자기의 삶을 향한 하나님의 초대에 깊이 반응했다. 그리고 영원히 달라졌다.

그러나 개안은 바울에게 일회적인 사건이 아니었다. 이는 우리에게도 마찬가지이다. 영적 여정이 꽤 지난 후에도 바울은 지극히 연약한 자로서 자신의 아픔과 무력감을 고백한다. 그의 '속사람'은 간절히 성령 안에서 살아가기 원하건만, 옛 자아가 여전히 싸우며 씨름하는 모습을 보았던 것이다. 이것은 고통스런 개안이지만, 한편으로 꼭 필요한 일이 하나님의 은혜로만 이루어질 수 있는 자리이기도 하다롬7장 참조.

처음에 우리는 '무'의 나락으로 떨어지지 않을 수만 있다면 무엇이든 붙잡으려 한다. 아무것이나 붙잡고 최대한 버틴다. 그러나 언젠가는 그것마저 놓아야 한다. 이미 내려놓은 것이 얼마나 많은데, 이제 그것까지 놓아야 하다니 참으로 너무 한다 싶다. 우리는 이미 소음과 말과 활동과 사람에 대한 의존을 놓았다. 역할과 책임 따위의 외적 장식품으로 자기 정체를 규명하려는 끈질긴 성향도 놓았다. 그래서 우리는 내적인 공허를 경험했고, 그 암흑을 들여다보았다. 그런데 지금 또 하

그리스도의 형상을 본받는 과정은 주로 그리스도의 형상을 닮지 못한 부분에서 이루어진다. 하나님께서는 문화적인 포로 생활에서 가장 파괴적인 측면에 임재하신다. 하나님께서는 타락한 인간 본성에서 가장 억압적인 굴레에 개입하신다. 하나님께서는 그분과 가장 소외된 삶의 부분에서 우리를 만나주신다.

로버트 멀홀랜드Robert Mulholland, 『여정에의 초대 Invitation to a Journey』

나의 초대가 있다. 마지막으로 잡고 있는 것, 곧 불완전한 세상살이의 상처에 반응하여 자신이 만들어낸 자아마저 내려놓고, 허공 같은 극한의 침묵 속으로 자유낙하를 하라는 것이다.

이것은 우리의 생애에서 가장 용감한 행동처럼 느껴진다. 영혼의 번지점프라 해도 좋다. 우리는 안전하고 낯익은 기지의 세계를 훌훌 벗어나 모든 권한을 놓는다. 우리 문화에서는 고독을 '혼자 응석부리기' 정도로 아는 사람들이 많다. 하지만 우리는 거기서 벗어나 헨리 나우웬의 말대로 고독을 이해하기 시작한다.

고독은 혼자만의 치유의 자리가 아니다. 고독은 회심의 자리, 옛 자아가 죽고 새 자아가 태어나는 자리이다. …… 고독 속에서 나는 내 발판을 치운다. 대화할 친구도 없고, 전화할 곳도 없고, 참석할 모임도 없고, 감상할 음악도 없고, 한눈 팔 책도 없다. 오직 나뿐이다. 벌거벗고 상처받기 쉽고 연약하고 죄 많고 가난하고 깨어진 나 외에 아무것도 없다. 고독 속에서 내가 대면해야 하는 것이 바로 이 '무'이다. 그것은 어찌나 무서운지 친구들, 일, 그리고 다른 산만한 것들로부터 달아나고 싶은 마음뿐이다. 어떻게든 그 '무'를 망각하고 조금이라도 내 가치를 믿고 싶은 것이다. ……

나는 자꾸만 이러한 '무'의 캄캄한 심연에서 달아나 허영에 싸인 내 거짓 자아를 되찾으려고 한다. 따라서 여기서 해야 할 일은 고독 속에 인내하는 것, 유혹하는 손님들이 내 문을 두드리다 지쳐 나를 내버려 둘 때까지 독방에 남아 있는 것이다. ……

투쟁은 현실이다. 왜냐하면 위험이 현실이기 때문이다. 그것은 인생 전체를 내 실상에 대한 하나의 긴 방어로 살아갈 수 있는 위험이다.

• • • • • •

자기 인식이 항상 이렇게 지각 변동일 필요는 없다. 훨씬 단순한 인식일 때도 있다. 예컨대, 어떤 여자는 아침에 고독과 침묵에 들어갔다가 "가끔 너는 사람들에게 매우 친절하지 않다."라는 하나님의 말씀을 들었다고 한다. 단순 명료하고 정확한 이 말씀이 그녀에게 충격으로 다가왔다. 이를 통해 그녀는 자기 삶에서 꼭 주목해야 할 부분이 정확히 어디인지 알았다. 요지는 이것이다. 곧 주어진 어느 하루, 하나님께서는 이처럼 단순한 통찰이나 또는 훨씬 중대한 내용으로 우리를 찾아오실 수 있다. 그러면 마음이 뜨끔해지거나 깊은 슬픔이 밀려올 수 있다.

이러한 개안은 괴롭지만 참으로 하나님의 선물이다. 그것은 우리를 경건한 근심으로 데려가 회개는 물론 궁극적으로 우리의 구원을 이룬다고후7:10. 또한 그것은 우리가 하나님의 사랑과 자유의 빛 가운데 살도록 그분께서 우리의 어두운 곳을 비추고 계시다는 표시이다. 비록 저항이 우리의 가장 본능적인 반응이라 하더라도, 하나님께서 비추시는 이러한 작업에 저항하지 말고 순순히 그 과정에 응하는 것이 최선이다. 성령님께서 자신의 삶 속에 불어넣어 주실 보다 참된 자아가 인식되기를 기다리고 있음을 믿는 마음으로 말이다.

다만 이 기다림을 수동적인 태도와 혼동해서는 안 된다. 영혼의 고요한 자리에서 하나님을 기다리는 것은 기대와 희망의 씨앗을 머금은 적극적인 기다림이다. 야간 초병이 보초 종료를 알리는 아침 햇살을 기다리는 심정으로 우리도 기대감을 품고 기다려야 한다. 캄캄한 밤을 몇 시간이나 더 기다려야 하든지 초병은 아침이 올 것을 경험으로 분명히 안다. 밤의 위험 요소를 예의 주시하면서도 그의 존재는 세포 하나하나마다 아침을 기다린다. 그의 눈은 지평에 비치는 첫 햇살을 익숙하게 알아본다시130:5~6 참조.

우리도 하나님을 **그렇게** 기다려야 한다. 동경과 기대를 품고 예의 주시해야 한다. 나를 찾아오실 하나님의 첫 신호를 잡으려고 자아 전체가 긴장해 있어야 한다. 그러면서 우리는 폭풍 후의 침묵 속에서 하나님께서 만나주실 수 있는 가능성에 자신을 열어야 한다.

"바람 가운데에 여호와께서 계시지 아니하며 …… 지진 가운데에도 여호와께서 계시지 아니하며 …… 불 가운데에도 여호와께서 계시지 아니하더니 불 후에 세미한 소리가 있는지라"왕상 19:11~12

\<연습\>

몇 차례 심호흡으로 침묵에 들어가 마음을 가라앉힌다. 자신의 호흡보다도 자신에게 더 가까우신 하나님의 임재를 의식한다. 준비되었다고 느껴지면 엘리야에게 하신 것과 똑같이 자신에게 던지시는 하나님의 질문을 듣는다.

"_____(자신의 이름), 네가 어찌하여 여기 있느냐?"

이 질문을 가지고 조용히 앉는다. 그리고 질문이 자신의 존재의 뿌리에까지 완전히 파고들게 한다.

이 질문에 대한 자신의 반응이 마음에서부터 나오게 하되 수정하려 하지 않는다. 반응을 일기장에 써도 좋고, 말로 아뢰어도 좋으며, 그냥 찾아오는 감정을 느껴도 좋다. 요지는 지금 현재 자신을 고독 속으로 점점 깊이 끌어들이는 것에 관해 최대한 솔직하게 하나님과 소통하는 것이다. 심각하고 비중 있는 것일 수도 있지만 꼭 그럴 필요는 없다. 가장 최근에 하나님께서 고독 속에서 내게 이 질문을 하셨을 때는 앞에 말한 혼돈이 야기되지 않았다. 그때의 내 솔직한 대답은 이랬다.

주님께 그리고 주님의 뜻으로 보이는 것들에 제가 열

심이 특심해서 여기 있습니다. 오늘은 슬픔도 없고 낙심도 없고 익숙한 외로움조차 없습니다. 모든 것이 제자리에 있다는 느낌입니다. 그러나 때로 저는 열심이 지나쳐 아직 준비되지도 않은 일을 억지로 밀어붙일 때가 있습니다. 늘 그렇듯 정신없는 제 활동이 느껴집니다. 기초가 든든하면 좋겠는데 아직 그렇지 못하다는 뜻일 것입니다. 제 존재의 기초를 다시 찾아야 하기에 저는 여기 있습니다.

우선 지금은 자신의 진실을 아뢰는 것으로 만족한다. 그리고 하나님의 임재 안에서 그냥 기다린다.

10장

순전한 임재

"고독은 결과적으로 조용한 은혜의 선물, 곧 우리가 자기 자신을 정직하게 대면할 수 있을 때마다 찾아오는 선물을 제공한다. 그 선물은 우리로 하여금 있는 그대로의 모습으로 있도록 하기 위한 수용acceptance과 연민compassion의 선물이다. 우리가 고독 속에서 자기 자신을 알게 되도록 할 때, 우리는 우리가 사랑에 의해 알게 되는 것을 발견한다. 자기 발견의 고통 너머에 우리를 비난하지 않고 우리를 있는 그대로 부르는 사랑이 있다. 이 사랑이 우리를 있는 그대로 받아들인다."

_파커 팔머Parker Palmer

고독과 침묵의 여정에 머무르는 것은 하나님의 임재 안에서 자신을 있는 그대로 보는 경험에 머무르는 것이다. 물론 이는 쉽지 않은 일이다. 고독 속에서 우리는 자신의 실상에 대한 방어를 멈춘다. 여정의 결과를 통제하려는 시도를 버린다. 통제가 나의 능력 밖의 일임을 마침내 깨달았기 때문이다. 지금까지는 나의 이런 저런 조각들을 내 정체로 알아왔으나 이제는 거기에 대한 애착을 버린다. 그리고 통제를 유지하려고 미친 듯이 날뛰는 옛 자아의 폭풍을 견뎌낸다.

여정의 이 부분에서 슬픔을 맛볼 수도 있다. 마음으로 사랑을 갈구하면서도 스스로 그 사랑에서 자신을 끊어냈던 모든 방식들이 차츰 보이기 때문이다. 그간 경험한 고통이 단지 '외부'의 악에 의한 산물만이 아니라 내 마음 안팎에 굳어진 죄와 타락의 습성 탓이기도 하다는 것을 깨닫는다.

이런 습성은 매우 현실적인 상처나 곤경에 대한 반응으로 생겨날 수 있다. 하지만 지금 하나님께서 우리를 초대하시는 여정에는 전혀 도움이 안 된다. 우리는 자신의 삶과 타인에 대한 반응이 이런 습성에 의해 좌우되도록 놓아둔 데 책임을 질 필요가 있다. 그래야 친밀하고 안전한 하나님과의 사랑의 관계 속에서 다른 길을 선택할 수 있다.

이러한 자기 인식에는 치유와 사귐에 대한 갈망이 수반되는데, 이 갈망은 괴로울 정도로 강력하다. 자신의 존재의 뿌리부터 변화가 필요함을 영혼의 눈으로 보고 나면 말할 수 없는 갈망이 싹트게 된다. 영적 노정에서 이 부분은 너무 힘들어 돌아가고 싶은 유혹이 간절할 수도 있다. 문제는 일단 자신의 참 모습, 즉 자신이 갈망하는 삶과 궁극적으로 반대되는 관계나 존재, 행동방식에 노예가 되어 있는 모습을 보고 나면 돌아갈 곳이 없다는 것이다. 자신이 굴레 속에서 살아왔음을 비로소 깨닫고 자유의 길을 살짝 엿보긴 했지만, 대체 어디로 간단 말인가? 현실적인 길은 진리를 좇으면 결국 자유에 이를 것을 믿고서 용감히 부딪치는 것뿐이다. 그것만이 우리가 할 수 있는 일이다. 새로이 보게 된 자신의 모습을 고치려 해 봐야 아무 소용이 없다. 변명도 부질없다. 남 탓으로 돌리는 것은 비겁하다. 부정할수록 엉망의 상태로 되돌아갈 뿐이다. 우리에게 가능한 유일한 길은 개안이 가져다주는 슬픔과 불안정을 견디면서 자아 전체가 하나님을 향하여 있는 것이다.

우리가 충실히 보고, 슬퍼하고, 놓는다면 …… 힘닿는 한 발길질과 싸움을 멈추고, 그만 애쓴다면 …… 움켜쥐고 매달린 손을 푼다면 …….

갑자기 모든 것이 아주 고요해진다.

처음에는 이 고요가 또 다른 공허의 자리로 느껴질 수 있다. 백일하에 드러난 자신의 일면에 대해 심판받거나 벌을 받을지 모른다는 공포나 두려움이 들 수도 있다.

그러나 계속 그 순간에 머물면 결국 우리도 엘리야처럼 이 침묵이 이전에 경험했던 공허와는 질적으로 다름을 보게 된다. 혼돈 뒤에 오는 침묵은 하나님의 임재로 충만해진다.

엘리야처럼 우리도 괴로운 자기 인식의 순간에 하나님께서 자신을 꾸짖거나 혼내지 않으시고, 침착하게 대응하라고 일장 훈시를 늘어놓지도 않으시는 것에 놀랄 수 있다. 아니, 엘리야에게 그랬듯이, 기꺼이 자기 모습 그대로, 즉 꾸밈없이 열려 있는 수용적인 자세로 앉아 있는 우리에게 하나님께서는 사랑의 임재라는 가장 놀라운 선물을 주신다.

이러한 침묵은 하나님의 임재로 가득 차 있기에 다른 침묵들과 다르다. 하나님의 임재는 영혼 안의 미세한 움직임, 산들바람, 고요한 속삭임으로 나타난다. 물론 사람에 따라 신체적 감각, 진동, 환상, 음성이 따를 수도 있다.

처음에는 그것이 무엇인지 모를 수 있다. 마침내 내 안의 세포 하나하나가 체험하는 방식으로 하나님께서 내게 오셨다는 사실이 믿어지지 않을 수 있다. 하나님의 임재에 대한 그런 체험은 나보다 더 영적인 사람들이나 하는 것으로 생각해 왔을 수 있다. 그래서 우리는 자신에게 이렇게 말하곤 한다. "아마 아무것도 아닐 거야. 내 상상의 허구일 거야. 아니면 경계해야 할 것인지도 몰라."

다가오셔서 우리와 소통하고 사귀기 원하시는 이러한 하나님을 알아보려면 시간과 경험이 필요하다. 엘리야가 어떻게 세미한 소리 가운데서 하나님의 임재를 알아보았는지 누가 알겠는가? 그러나 엘리야는 자기 인식에서 비롯된 내적 혼돈의 한복판에서 기꺼이 하나님께 마음을 열고 잠잠히 있었고, 그 결과 자신이 산꼭대기에 서서 이방 선지자들과 변덕스런 추종자들 앞에서 하나님의 불을 내리게 할 때 못지않게, 탈진하여 무력한 모습으로 혼자 있는 지금도 똑같이 사랑받고 존중받고 있음을 **경험으로** 알게 되었다.

엘리야가 하나님의 임재로 충만한 '세미한 음성'을 경험한 순간, 그에게는 어떤 말이나 인지적인 반응이 필요 없었다. 그는 다만 겉옷으로 얼굴을 가리고는 절대적 경외의 표시 밖에 나가 하나님의 임재 안에 서 있었다. 임재가 자신을 씻어 내리도록 가만히 있었다. 그보다 더 좋은 반응을 나는 모른다.

· · · · · ·

역설적이지만, 침묵 속에서 자원하여 기다린 그 열매는 영적인 삶에서 가장 충만한 경험 중 하나가 된다. 하나님께서 **나를 위한** 하나님, **나와 함께** 계시고 **내 안에** 계시는 하나님이심을 마침내 깊은 경험으로 알게 된다. 성경의 원어에는 우리의 인지적, 정보적 앎을 훨씬 넘어서는 이런 차원의 앎을 가리키는 세미한 뉘앙스의 좋은 단어들이 있다. 신구약 기자들은 '주체와 객체가 하나로 연합되는' 차원의 앎을 말한다. 이는 진리나 탐색 중인 실체에 온전히 동참하는 것으로, 그 차이는 어떤 사람에 대해 듣거나 읽는 것과 실제로 친한 친구가 되는 것 사이의 차이와 같다. 또는 배우자에게 사랑한다고 말하는 것과 실제로 사랑을 나누는 것의 차이와 같다. 상대가 믿을 만하다고 말하는 것과 실제로 상대에게 당신의 중요한 것을 맡기는 것의 차이와도 같다. 즉 이러한 앎은 하나님의 실체에 온전히 동참하고 그 실체에 우리 자신을 넘기는 것이다.

이것이야말로 인간이 경험할 수 있는 가장 중요한 차원의 앎이다. 그런데 이것은 우리의 망가진 모습이 하나님의 신실하신 임재에 붙들려 사랑으로 치유될 때까지 우리가 충분히 고요해져야만 찾아온다. 다른 차원의 모든 앎들은 이것을 위한 무대일 뿐이다. 자신을 있는 그대로 보고 가장 요긴한 곳에서 하나님께서 일하시도록 허용하는 것은 고통스럽지만 은혜가 충만한 일이다. 이것을 계기로 우리의 실체를 왜곡하고, 타인에 대한 우리의 반응을 제한하고, 하나님 안에서 자유로운 자아로 살지 못하게 하는 우리 자신의 사고방식과 신념이 깨진다. 그리고 이것을 계기로 무엇보다 우리 자신을 하나님께 넘긴다. 하나님께서는 우리를 있는 그대로 사랑하신다. 하지만 계속 그대로 두시지는 않는다.

그런데 우리의 실체마저 찢겨 나갈 것 같은 두렵고도 깊은 파열을 거쳐 거짓 자아가 뜯겨나간 뒤에 남는 것은 무엇인가? 우리들 중 일부의 사람들이 여간해서 믿지 못하는 대목이 바로 여기이다. 우리는 죄와 상처투성이인 자아의 환영을 하도 오랫동안 자기 정체로 알아왔기 때문에 자신에게 그보다 더 진실한 자아가 있다는 것을 상상도 하지 못한다. 우리는 그 본질적 자아를 아직 보지 못했지만, 그것은 하나님께서 친히 창조하여 존재케 하신 선이다. 우리가 물리적인 형태를 입기 훨씬 전부터 하나님께서는 그 자아를 아셨다. 이것은 신기하고 오묘하게 지어진 자아로서, 지어진 그 모습에 꼭 들어맞는 고유한 목적이 있다시139편.

어떤 의미에서 이 자아는 내 자존심에서 나온 정체보다 작을 수 있다. 굳이 세상에 자기를 입증하기 위해 커야 할 필요가 없기 때문이다. 또한 이 자아는 보다 진실하다. 세상에서 수용을 얻고자 이미

변화란 하나님께서 우리의 자아 자체를 재창조하시는 과정이다. 근본적인 변화라는 최종 단계에서 우리는 아무 권한도 가지지 못하며, 더 이상 책임자도 아니다. 하나님께서 모든 권한과 책임을 넘겨받으셔서 우리가 닿지 못하는 우리 존재의 다양한 차원에서 일하신다. 의사이신 하나님께서는 우리에게 깊은 영적 수술을 하신다. 수술은 복음을 보고 듣지 못하게 막는 우리 속의 '문제'의 뿌리에까지 미친다. 변화의 모든 단계는 우리의 전략으로 가능한 것이 아니다. 다만 마음을 열고 하나님의 임재 안에 남아 있을 때, 하나님께서 행하시는 것이다.

칼 에리코Carl Arico, 『침묵의 맛A Taste of Silence』

지 관리에 의존하지 않기 때문이다. 이 자아는 보다 부드럽다. 세상에서 자기를 안전하게 지키고자 딱딱한 방어 구조에 의존하지 않기 때문이다. 이 자아는 보다 자유롭다. 불변의 실체이신 하나님의 사랑 안에서 자신이 궁극적으로 안전한 존재임을 알기 때문이다.

우리가 어떤 음침한 곳을 지날지라도 그 사랑은 우리를 놓지 않는다. 우리가 어떤 심연에 떨어질지라도 하나님께서는 그보다 더 깊은 사랑이시다. 우리가 어떤 상처를 만날지라도 하나님께서는 능히 그것을 치유하는 사랑이시다.

이 사랑이 결국 우리 존재의 뿌리에서부터 안정의 기반이 된다. 그것을 얻을 수 있다면 어떤 값을 치러도 아깝지 않다.

<연습>

몇 차례 심호흡으로 침묵에 들어간다. 그간 배우면서 하나님과 나누어 온 고요한 친밀함 속에 침잠한다. 그리고 이 시간, 이 곳, 이 임재의 안전을 느낀다. 잠시 그것 자체만 누리는 시간을 갖는다.

하나님의 임재 안에서 고요해지면, 9장 끝에 나온 하나님의 질문에 대한 지금 자신의 반응을 생각해 본다.

"_____(자신의 이름), 네가 어찌하여 여기 있느냐?"

이 질문에 답하면서 새롭게 인식되는 자신의 모습이 있는가? 당신의 삶 가운데 하나님께서 변화의 필요성을 비추어 주시는 부분이 있는가?

오늘 읽은 내용을 생각하면서 '바로 내 상태!'라고 생각되는 부분이 있는가? 혹 당신은 아직 인식 이전의 단계일지도 모른다. 즉 무언가 잘못되었다는 것은 알겠는데, 그것이 무엇인지 모를 수 있다. 아니면 당신은 전에 한 번도 본 적이 없는 자신의 모습을 보고 있는 중일 수도 있다. 아니 어쩌면 절박한 지경에 이르러 마침내 다 내려놓고, 거짓 자아의 얽히고설킨 껍질들을 벗기는 일을 하나님께 맡기고 싶어졌을지도 모른다. 또는 하나님의 임재로 충만한 침묵을 경험하고 있으나 그것을 믿어도 되는지 자신이 없을 수도 있다.

오늘 침묵 속에 무슨 일이 생기든, 거기서 달아나려 하지 말고 그냥 그 안에 있도록 한다. 자신의 경험 내용을 하나님께 아뢰고, 혹 원하시는 반응이 있는지 여쭙는다. 새로 보이는 모습에 대해 자신을 주도해 달라고 그분께 청하고, 그분께서 이끄시면 적극 따른다. 하나님께서는 신비한 능력이 있어, 우리에게 꼭 필요한 것을 우리가 받을 준비가 될 때 가져다주신다.

주기도문을 가능하면 큰소리로 암송함으로써 오늘의 기도 시간을 마감한다. 특히 당신이 거짓 자아를 붙들고 있는 부분을 놓아야 한다면, 제자들과 함께 기도하시는 그리스도 곁에 나란히 앉아 있는 자신의 모습을 그려본다. 주변의 모든 것이 요동하고 무너지는 것 같을지라도 주기도문으로 기도함으로써 하나님 나라의 불변하는 실체 안에 당신의 닻을 내린다.

11장
인도의 분별

"침묵 아래에서 우리는 모두 우리가 알든 모르든 거룩하신 분의 감찰하시는 눈앞에 선다. 그리고 그 중앙에서, 영원한 것이 우리 존재의 밑바닥에 거주하는 그 거룩한 심연에서, 하나님께 드리는 우리의 프로그램들, 우리의 선물들, 거듭해서 수행되는 우리 의무의 제사들은 그 가치들이 수정된다. …… 만일 우리가 생명보다 더 소중한 거룩한 침묵에 집중하고 그 안에서 산다면, 그리고 우리의 생명 프로그램을 완전하게 개방된, 하나님의 인도하심에 따라 포기할 준비가 되어 있는, 마음의 침묵의 장소로 가져간다면, 그러면 우리가 하고 있는 수많은 일들이 우리에게서 활력을 잃게 될 것이다."

_토마스 켈리Thomas Kelly

우리들 중 많은 이들은 삶의 어느 부분에서 인도하심을 절실히 필요로 하기 때문에 기도와 침묵에 들어간다. 엘리야와 같이 우리 또한 막다른 골목에 이를 수 있다. 삶이 어딘가 삐걱거리는데 달리 방도가 없는 것이다. 한편 그리스도인으로서 우리는 하나님의 뜻을 바로 알고 그대로 행하기를 원한다.

그런데 놀랍게도 우리의 가장 절실한 필요는 내가 하나님의 무조건적인 사랑에서 절대 끊어질 수 없음을 아는 것이다. 우리는 하나님의 사랑 안에 살면서 기동한다. 그리고 나의 뜻을 이루기 위해 하나님을 공식처럼 이용하려는 태도가 아니라, 우리 스스로 통제권을 버리고 단순히 하나님과 함께 있는 법을 배운다. 하나님의 임재야말로 우리 존재의 기반이다. 시간이 지나면서 우리는 하나님의 사랑의 임재를 우리의 궁극적인 실체로 경험한다. 이 실체가 확고부동함을 우리 존재의 세포 속에서 배운다. 다만 하나님의 임재에 대한 우리의 의식이 시끄럽고 번잡한 삶 때문에 때로 흐려질 뿐이다.

하나님의 사랑과 선이라는 궁극적인 실체를 향한 이러한 방향 조정은 하나님의 인도하심을 받기 위한 중요한 첫걸음이다. 깊은 체험의 방식으로 하나님의 사랑을 알 때만 진정으로 마음을 열고 하나님의 뜻을 수용할 수 있기 때문이다. 그렇지 않으면 무슨 말씀이 들려올지 두려워하여 하나님의 작고 세미한 음성을 열린 마음으로 듣지 못한다. 즉 내가 싫어하는 일만 골라 시킴으로써 흥을 깨는 그런 하나님의 음성이 들려올까 봐 두려워하는 것이다. 이런 두려움 때문에 우리는 우리를 향하신 하나님의 의도가 지극히 선함을 믿지 못한다. 오히려 우리가 진실로 믿으면 하나님께서 좋은 것을 거두어 가실지도 모른다는 두려움 속에서 살아간다.

때문에 다음과 같은 달라스 윌라드의 말은 적절하다.

(제자훈련 과정의) 첫째 목표는 제자들이 예수님을 통해 이 땅에 찾아오신 '하늘 아버지'를 깊이 사랑하고 늘 기뻐하며, 또한 그분의 선하신 뜻과 그 뜻을 이루시는 능력에 '함정'과 제한이 없음을 확신하도록 이끌어 주는 것이다.

우리 존재의 뿌리가 하나님의 사랑 안에 머물 경우 우리 영혼의 물이 훨씬 맑아진다. 그럼으로써 우리는 보다 진정한 자아를 보게 된다. 이 자아에는 세상에 베풀 선물들이 있는데, 그것은 거짓 자아가 악착같이 얻어내는 것들보다 훨씬 참되고 본질적인 것이다. 이런 선물은 우리가 창조된 본질, 즉 하나님께서 창세전부터 뜻을 두고 그에 따라 알고 보고 빚으신 자아시139편에서 나온다. 우리는 진정한 자아의 선물과 역동을 알아볼 수 있다. 왜냐하면 그것은 주로 인간의 수고에서 오는 것들과는 **질적으로** 다르기 때문이다. 그것은 평안과 겸손에서 그리고 세상의 깊은 필요를 채워 주는 힘에서 나온다. 이와 같이 두 측면의 자아가 지닌 차이가 보일 만큼 우리가 충분히 고요해지면, 비로소 참된 영적 인도가 우리의 삶에서 펼쳐질 수 있다.

・・・・・・

그런데 흥미롭게도 엘리야는 인도를 구하지 않았다. 다만 연약한 모습 그대로 마음을 활짝 열고 하나님과 함께 있었을 뿐인데, 그냥 인도가 따라왔다. 말의 흐름을 스스로 멈추고 침묵 속에서 경청하자 하나님께서 들어서실 공간이 열렸던 것이다. 하나님께서는 우리의 다음번 걸음과 얽히고설킨 의문에 대해 인도하고 말씀하기 원하신다. 자기주장이 강하거나 고집스런 십대 자녀가 자신의 지혜가 바닥난 후 인도를 구하는 경우가 있다. 자녀가 그러한 자세를 보일 때까지 기다리는 지혜롭고 자애로운 부모처럼, 하나님께서도 우리를 사랑하시기에 우리가 배울 자세를 보일 때까지 기다리신다.

엘리야가 내면의 사나운 혼돈을 견디고 하나님의 임재가 느껴질 때까지 오랫동안 가만히 서 있자 다시 그에게 질문이 들려왔다. "엘리야야, 네가 어찌하여 여기 있느냐?" 이것은 "엘리야야, 이제 좀 어떠냐?"라는 의미일 수도 있다.

뜻밖에도 엘리야의 대답은 똑같았다. "내가 만군의 하나님 여호와께 열심이 유별하오니 이는 이스라엘 자손이 주의 언약을 버리고 주의 제단을 헐며 칼로 주의 선지자들을 죽였음이오며 오직 나만 남았거늘 그들이 내 생명을 찾아 빼앗으려 하나이다."

그러자 하나님께서는 엘리야에게 새 왕들을 세우고 또 자기를 대신할 선지자를 세우라는 실제적인 지침을 주셨다. 이와 같은 대화에는 엘리야가 심히 탈진되어 삶의 방식을 다소 바꿀 필요가 있다는 은혜롭고도 현실적인 진단이 암시되어 있다. 하나님의 뜻은 엘리야가 영영 고독 속에 있는 것이 아니라, 잘 쉬고 재조정한 후 여기서 받은 지혜로 선지자의 사역에 복귀하는 것이었다. 이제 엘리야는 자신의 진정한 한계를 고려하여 보다 지혜롭게 복귀하는 법을 인도받았다. 그는 다른 사람들이 있는 삶으로 다시 들어갈 수 있었고, 지상 생활의 마지막까지 견딜 수 있는 지구력을 지니게 되었다.

· · · · · ·

그러나 산등성이에 서 있는 동안 하나님과 육성으로 대화를 나누지 못하는 대부분의 우리 같은 평범한 사람들은 어떤가? 하나님께서 보이지 않으신다는 이유로 우리는 자기 혼자만 말하는 습성에 빠지기 쉽다. 하나님께서 사랑을 표현하실 뿐 아니라 확실하고 지혜로운 인도로 내게 대답해 주시기를 바란다면 너무 과한 요구인가? 하나님께서 적시에 개인적이고 실제적으로 나와 대화하신다고 믿는다면 너무 거창한 것인가? 설령 무언가 들려온다 해도 그것이 짐짓 보다 영적인 체하는 나 자신의 생각이 아니라, 하나님의 음성임을 어떻게 알 수 있는가? 나의 상상의 허구, 나의 희망사항의 표출이 아님을 어떻게 알 수 있는가?

그리스도인의 삶의 기본 전제 가운데 하나는 하나님께서 정말로 성령님을 통해 우리와 소통하신다는 것이다. 모든 진정한 관계의 핵심에는 소위 소통이라는 말하고 듣는 리듬이 있다. 우리와 하나님의 관계역시 예외가 아니다. 지상의 사역이 끝날 무렵 예수님께서는 제자들에게 자신이 떠나는 것이 그들에게 유익하다고 말씀하셨다. 그래야 성령님께서 오셔서 상담자와 조언자로서 우리와 함께하실 수 있기 때문이다. 성령님께서는 인도가 필요한 지금 바로 여기서 우리를 진리 가운데로 인도하시는 분이다.

성령님의 사역을 통해 하나님의 음성을 알아듣는 능력은 하나님과의 우정에서 비롯되며, 그 우정은 나의 안팎과 하나님과 나 사이에서 벌어지는 모든 일을 주시하고 고요히 들으며 기도하는 것으로 유지된다. 연습과 경험으로 말미암아 우리는 하나님의 음성의 어조, 그분과 나누는 소통의 내용, 우리를 부르시는 독특한 방식에 익숙해진다. 우리는 수화기 저편에서 들려오는 사랑하는 사람의 음성을 알아듣듯이 하나님의 음성을 알아들을 수 있게 된다. 우리 각자의 내면 깊은 곳에는 성령님께서 우리의 영과 더불어 진실한 것들을 증거하시는 자리가 있다롬8:16. 그 자리에서 이루어지는 소통을 알아들을 수 있으려면 연습과 경험이 필요하다.

· · · · · ·

고독과 침묵의 시간 중에 하나님께서 인도하시는 음성을 처음 알아듣기 시작하던 때가 기억난다. 하나님의 인도는 특히 진정한 자아와 거짓 자아를 분별하는 능력을 통해서 왔다. 당시 나는 안수 받은 사역자가 되려고 신학교에서 준비하고 있었다. 그것은 내가 애지중지하던 꿈이었다. 나는 세 명의 어린 자녀를 둔 엄마였으므로 한 번에 한 과목씩만 들었고, 그렇게 5년이 지나 과정을 절반쯤 마친 상태였다.

그때도 나는 침묵의 시간만 되면 애를 먹곤 했지만, 그래도 침잠의 상태를 막 알아가고 있었다. 나의 내면생활의 주요 특징이던 혼돈 대신 내 안에 고요한 중심이 형성되고 있었다. 그 고요한 자리에서 나는 사안을 보다 명확히 지각할 수 있었고, 그래서 그 순간 꼭 필요한 것으로 반응할 수 있었다.

나는 심각한 질문을 가지고 그 고요한 자리로 들어갔다. 당시 나는 영성지도의 사역 쪽으로 하나님의 소명을 느끼던 터였고, 사랑하는 나의 교회의 영성개발 분야에 사역자 직분도 고려하고 있었다. 생각만 해도 가슴이 벅찬 일이었다.

그런데 문제는 신학교 과정에 정작 내게 필요한 과목들이 별로 없었다는 것이다. 신학교에 개설된 유일한 영성개발 과목은 이미 들은 것이었다. 내게는 그 이상의 훈련이 필요했다. 즉 내게 목회학 석사학위목회 사역에 들어설 사람들이 흔히 갖춰야 하는 학위가 분명히 필요하지만, 정작 그 학위 과정에 내가 부름 받은 사역에 필요한 공부는 없다는 것을 알았으니 이러지도 저러지도 못하는 상황이었다.

이같이 난처한 문제를 들고 침묵에 들어간 나는 전에 없이 자유롭게 이 문제를 처리하고 있는 나 자신을 보았다. 우선 나는 당면한 결정에 따르는 잠재적 득실을 알고 있었음에도, 학위를 끝마치지 않을 수도 있다는 것이 큰 위협으로 느껴지지 않았다. 이전의 나라면 기존의 계획을 포기한다는 생각에 대번 질겁하면서 전통적인 학위 증명서 등을 통해 신임을 얻으려고 매달렸을 것이다. 그러나 고독과 침묵의 연습을 통해 거짓 자아가 강요하는 강박이, 비록 전부는 아니더라도, 상당히 가라앉아 있었다. 특정 학위를 통해 남들에게 무언가 입증해야 할 필요성을 버린다는 생각이 한결 쉬워졌다. 나는 인지적 차원에서 문제를 정리하려 애쓰거나 인간적 관점에서 납득될 만한 해답을 고집하기보다, 하나님께서 내 삶에서 행하시려는 일을 감지하고 기꺼이 그분께 협력하기 시작했다.

이번 경우, 내 삶에 기존 계획과는 다른 것이 출현하고 있음을 주변 환경은 물론 다른 사람들의 희망과 인정으로 미루어 보아 분명하게 알 수 있었다. 나는 뭐라고 말씀하실지 두려워 하나님의 음성을 듣는 것에 저항하는 대신, 나를 향한 하나님의 사랑과 선하신 의도를 신뢰했다. 그러자 그 순간 하나님을 의지하며 명확한 방향으로 인도받기 위해 기다릴 수 있었다.

거짓 자아의 동기와 참 자아를 향한 하나님의 초대, 이 둘 사이의 미묘한 차이를 분별하는 것이 특히 도움이 되었다. 하나님의 임재가 점점 안전하게 느껴지던 터라 나는 그분의 이런 까다로운 질문도 넉넉히 감당할 수 있었다. "너는 이름 뒤에 붙는 학위명으로 너를 입증할 생각에 취해 있느냐? 아니면 설령 네 자격이 당장 세상의 눈에 띄지 않는다 해도 더욱 참된 갈망을 택하여 가장 너다운 일을 준비할 의향이 있느냐?"

이 질문 덕에 나는 거짓 자아의 역동과 새 자아의 역동을 구분할 수 있었다. 그 차이를 알고 나니 신학교 졸업에 대한 매력이 반감했다. 따라야 할 더 참된 길이 있었기 때문이다. 목회학 석사학위 없이 내 삶의 모든 조각들이 어떻게 서로 맞아들 것이며, 또 과연 존경받는 여자 사역자가 될 수 있을지 등과 같은 것을 지나치게 고민하기보다 다음 단계를 확실히 분간하고 그대로 믿는 것으로 족했다.

이렇게 다른 길을 택하여 공부하고 실습한 지 5년이 지났다. 비록 그때는 앞뒤가 잘 안 맞았지만, 이것은 내 평생 가장 훌륭한 직업의 결정 가운데 하나로 남아 있다. 일대일 영성지도, 그룹 영성지도, 수련회 인도 등 몇 년간 내가 받은 훈련은 내가 부름 받은 사역을 수행하는 데 꼭 필요한 것들이었다.

이때를 비롯해 이후의 많은 걸음에 순종하면서, 하나님께서 인도하시는 길은 지금까지 내가 경험한 어떤 선택이나 결정 방식보다 영적, 관계적, 직업적으로 볼 때 보다 진실하고 훨씬 깊은 만족을 준다는 것을 깨달았다. 하나님의 인도에 대해 신실하게 반응할 때마다 그 다음의 인도에 더 신실하게 반응하게 된다.

모든 참된 분별 과정에서 나는 하나님께서 보여 주시는 길이 일면 인간의 지혜와 상충되는 시기가 있다는 것도 깨달았다. 하나님의 지혜는 오히려 미련해 보일 정도로 우리를 훨씬 능가한다고전1:18-2:16. 하나님의 지혜를 따르려면 때로 커다란 믿음이 요구된다. 다시금 우리는 인간 사고의 한계성과 하나님의 지혜가 우리보다 크다는 것을 믿어야 할 필요성에 부딪친다.

· · · · · ·

우리의 삶에서 전개되는 분별에는 끝이 없다. 최근 들어 나는 새삼 비슷한 감화를 느꼈다. 그것은 안수 받은 사역자로서 작은 교회에서 섬기고 싶은 갈망이다. 가끔 나는 지난 몇 년 동안 내 안에 성장한 경외와 이해에 근거해 성찬을 집례하고 싶은 열망을 느낀다. 공동체의 지속적인 삶에 대해 목자로서 설교하고 싶은 갈망도 보인다. 그런가 하면 지역교회 지도자들에게 경청과 분별의 은사를 개발시켜 주고 싶은 열정도 느낀다.

매우 고요하고 단순한 갈망이지만 그것은 엄연히 존재하는 갈망이요, 내 안의 아주 진실한 곳에 거하는 즐거운 갈망이다. 그 갈망에서 무엇이 나올지, 예전에 시작했던 공부를 다시 끝마치는 것도 거기 포함되는지 나는 알지 못한다. 다만 내가 아는 것은 굳이 모든 것을 이해할 필요 없이 그냥 하나님의 일하심을 지켜볼 마음으로 그런 갈망에 주목하면 놀라운 자유가 주어진다는 것이다.

하나님의 인도를 받으려면 매우 진실한 갈망의 존재를 믿어야 한다. 그런 갈망이 매우 진실한 까닭은 창조된 우리 자아의 본질, 즉 하나님께서 창세전부터 아셨고 때가 되어 존재케 하신 무형의 실체에서 비롯되기 때문이다. 이는 하나님께서 이루어 주시겠다고 약속하신 갈망이다. 단 우리가 그분께서 어떻게 다 이어 맞추실지 너무 걱정하지 않고 매번 확실한 다음 걸음에 따른다면 말이다시37:4~5; 사43:1. 가장 중요한 것은 성령님의 감화에 대해 우리가 보이는 매순간의 반응이다. 우리는 성령님의 감화를 알아보는 데 갈수록 보다 숙련되어야 한다.

분별 과정의 핵심에는 주목 능력이 있다. 우리는 상황, 관련 성경구절의 분명한 의미, 주 안에서 지혜로운 친구들의 조언, 그리고 우리의 신앙 전통에 담긴 지혜 등과 같이 확실한 것들에 주목할 뿐 아니라, 지금 가려는 걸음이 우리 안의 생명, 즉 우리의 가장 진실한 자아 안에서 그 자아를 통해 사는 그리스도의 생명을 풍요롭게 하는 길인지 아닌지 일러주는 내면의 역동에도 주목해야 한다. 이그나티우스Ignatius는 분별 과정의 이러한 측면을 명료하게 설명한 것으로 가장 잘 알려져 있는데, 그는 그 일러주는 단서를 **위안**consolation과 **적막함**desolation의 경험으로 표현한다. '위안'이란 하나님과 다른 사람들, 그리고 하나님 안에 있는 나의 참 자아와 더불어 생명의 소통을 이루고 있다는 깊은 의식을 주는 마음속의 감화이다. 이는 다 잘되고 있다는 의식, 고통과 위기의 순간에도 자신을 마음껏 하나님께 맡기고 사랑할 수 있다는 의식이다. 반면 '적막함'이란 하나님의 임재 의식을 잃는 것이다. 하나님과 다른 사람들, 그리고 나의 가장 진실한 자아와 끊어진 느낌이요, 중심을 벗어나 동요와 혼란과 심지어 반항으로 가득한 경험이다.

우리를 향한 하나님의 뜻은 대체로 우리에게 생명을 주는 일들은 더 많이 하고요10:10, 생명을 소모시키고 무력하게 하는 활동들은 피하는 것이다. 가장 중요한 결정들에는—목회학 석사학위와 영성지도 훈련처럼 표면상 둘 다 좋은 것 가운데서 선택해야만 하는 결정에도—하나님 안에서 경험하는 나의 참 자아에게 생명과 자유를 가져다주는 것들을 볼 줄 아는 능력이 요구된다. 신명기에서 하나님께서는 온 이스라엘 백성에게 이렇게 말씀하신다. "보라 내가 오늘 생명과 복과 사망과 화를 네 앞에 두었나니 …… 너와 네 자손이 살기 위하여 생명을 택하고"신30:15~19. 우리로 생명을 택하게 하는 지혜는 저 멀리 하늘 위나 바다 건너에 있지 않다. 하나님께서는 이 지식이 우리에게 심히 가까워 우리의 입과 마음에 있은즉 우리가 보고 분간할 수 있다고 말씀하신다신30:11~14.

순종이 없으면 안 된다. 물론 고정된 법전에 대한 순종이 아니다. 그것이 때로 아무리 유익할지라도 말이다. 그보다 순종은 하나님께 대한 것이다. 하나님께서는 모든 상황 속에서 우리와 함께하시며 항상 우리에게 말씀하신다. 아무리 작을지라도순종이 작을 수 있다면 모든 순종은 하나님께 대한 우리의 감수성과 하나님을 이해하는 역량을 깨우며, 그리하여 하나님의 임재 의식을 더 실감나게 해준다.

앨버트 에드워드 데이Albert Edward Day, 『사로잡는 임재The Captivating Presence』

내게 생명을 주는 것을 보고 그쪽으로 가는 습관을 들이면, 하나님의 인도를 받는 일은 굵직한 문제에서만이 아니라 일상생활에서도 우리의 일과가 된다. 분별의 습관 덕에 우리는 자신과 다른 사람들의 삶 속에서 일하시는 성령님의 역사에 늘 깨어 있고, 그리하여 성령님께서 이루고 계신 삶에 부합하는 선택을 내릴 수 있다. 그리하여 분별의 습관에서 얻은 이해와 의식은 삶의 굵직한 결정을 내릴 때도 매우 좋은 자원이 된다.

고독과 침묵의 연습은 우리 내면의 역동, 환경과 대인관계 및 하나님과의 관계의 역동에 주목하는 장이 되며, 그래서 수시로 인도받는 것이 가능해진다. 지혜롭게도 엘리야는 하나님의 인도를 자기 손으로 붙잡으려고 하지 않고 그냥 거기에 마음을 열고 있었다.

성령님의 사역에서 가장 확실한 측면 가운데 하나는 우리를 진리 가운데로 인도하시되 **우리가 감당할 수 있을 때** 인도하신다는 것이다 요16:12-13. 때로 어떤 결정은 다급하게 느껴질 수 있고 그래서 간절히 하나님의 인도를 구하지만, 그때조차 우리는 우리가 무엇을 감당할 수 있는지 하나님께서 아시므로 그분의 타이밍을 믿는 것이 좋다.

우리가 인도를 구하는 목적은 단순히 더 나은 삶을 위해서가 아니라 하나님 안에 있는 나의 가장 참된 자아에 부합되는 방식으로 하나님의 역사에 더 많이 동참하기 위해서이다. 우리의 생각과 마음과 뜻을 불변하는 하나님의 실체에 맞추어 재조정하다 보면 시간이 지나면서 변화가 이루어지고, 또 그 변화로 말미암아 우리는 하나님의 뜻이 선하고 온전하며 우리와 우리의 세상에 꼭 맞는 것임을 삶 전체로 증거할 수 있게 될 것이다.

<연습>

　잠시 시간을 내어 몸을 편안히 하되 적당히 긴장된 자세를 유지한다. 몇 차례 심호흡으로 침묵에 들어가 언제나 함께하시는 하나님 앞에 선다.

　하나님의 활동과 인도를 분별하는 한 가지 길은 내게 생명 의식을 주는 것과 내게서 생명 의식을 끊어놓는 것에 주목하는 것이다. 이런 역동들을 살피는 데 숙련되면, 일상의 순간에서나 굵직한 결정 앞에서 생명을 주는 것들을 보다 잘 분별하여 선택할 수 있다.

　오늘 침묵의 경청 시간에는 지난 며칠 동안 가장 감사했던 순간이 마음에 떠오르게 해 달라고 하나님께 구한다. 자신이 사랑을 가장 잘 주고받을 수 있었던 때는 언제인가? 그리고 생명을 가장 많이 받은 것 같은 순간은 언제인가?

　이번에는 지난 며칠 동안 감사하는 마음이 **가장 적었던** 순간이 떠오르게 해 달라고 하나님께 구한다. 자신이 사랑을 주고받기 가장 힘들었던 때는 언제인가? 그리고 생명이 가장 소진된 것 같은 순간은 언제인가?

　생명을 받는 순간과 소진되는 순간을 의식하면서 새롭게 떠오른 지혜나 통찰, 그 밖의 의문은 무엇인가? 생명을 주는 것들을 더 많이 선택하도록 하나님께서 혹 이런 저런 방법으로 당신을 인도하고 계시지는 않은가?

12장
남을 위한 삶

"혼자 있을 수 없는 사람은 공동체를 조심하라. …… 공동체 안에 없는 사람은 혼자 있는 것을 조심하라."

_디트리히 본회퍼Dietrich Bonhoeffer

고독 속에서 하나님의 임재를 경험하기 시작하면, 하나님께 대한 우리의 갈망과 이런 식으로 하나님과 함께 있는 기쁨이 큰 부담으로 다가올 수 있다. 내 경우에도 얼마 지나지 않아 아무리 받아도 부족한 것만 같았고 그래서 약간 두려워지기까지 했다. 또한 내가 다시 사람들과 온전히 부대낄 수 있을지도 의문이었다. 혹시 늘 나 혼자 떠나고 싶어지는 것은 아닐까? 나는 나르시시즘에 빠진 명상가가 되고 있는 것은 아닐까? 나는 대책 없이 이기적이며 끝없이 달라고만 하는 사람은 아닐까? 아니면 다시 무언가 실제적인 일에 유용한 존재가 될 수 있을까?

고독과 침묵을 유지하는 법을 배우면서 생산량이 줄어든 나 자신과 '진짜 일'을 나보다 많이 생산해 낼 줄 아는 다른 사람들을 비교하노라니 다시금 행위 불안증이 도졌다. 또 다시 내가 무언가 생산해 낼 수 있을지 의문이었다. 전에 신경 썼던 것만큼 생산에 신경을 쓰게 될지 의문이었다. 엘리야도 유명한 위치와 생산성에서 아주 고요한 숨은 자리로 머나먼 여정을 마친 후에 이와 비슷한 고민이 있었는지 그의 경험을 좀 더 살펴볼 수 없어 아쉬웠다. 엘리야도 자신이 사람들 앞의 삶으로 다시 돌아가야 하는 것인지, 또 간다면 언제 가야 할 것인지 의문이 들었을까?

한동안 나는 이런 두려움과 의문을 혼자만 간직하려고 했다. 내가 살고 일하며 예배하는 고도의 행위 문화 속에서 고독과 침묵에 대한 그와 같은 허기진 갈망을 드러낸다는 것은 당황스런 일이었다. 사람들이 혹 그들 자신의 측정 기준으로 나의 생산능력에 의심을 품을까 봐 두려웠다. 생산력과 경쟁력으로 적격성을 측정하는 세상에서 혹시라도 내가 부적격자가 되는 것은 아닐까 두려웠다.

동시에 나는 스스로가 걸식 들린 아이와도 같음을 깨달았다. 한 그릇의 밥이나 오트밀처럼 오랜만에 처음으로 음식다운 음식을 받은 아이는, 그동안 어찌나 허기졌던지 일단 배식 장소를 알고 나서는 그 주변을 맴돌지 않을 수 없다. 음식을 받자마자 그 아이는 덥석 움켜쥐고는 입안에 우겨넣는다. 예의를 차릴 새도 없고 적당히 입 안에 넣을 여유도 없다. 우적우적 소리가 요란하고 앞자락에 음식이 흘러도 상관없다. 결코 보기 좋은 모습은 아니다.

그러나 기쁜 소식도 있다. 곧 그러다 보면 결국 문제가 해결된다는 것이다. 공복이 채워진 아이는 조만간 그릇에서 고개를 쳐들고 입을 닦고 주변 사람들에게 말을 걸 수 있다. 이제 배가 찼으므로, 굶주림과 음식이 떨어질지도 모른다는 두려움이 아니라 다른 것을 기반으로 사람들과 관계할 수 있다.

아무리 먹어도 부족할 것만 같은 참된 '영의 양식'에 그토록 허기진 사람이 나만이 아님을 나는 잘 안다. 다른 사람들을 고독과 침묵의 초기 경험으로 인도하다 보면, 종종 그 사람들 역시 도무지 만족을 모르는 격한 욕망의 복병에 부딪치는 것을 본다. 때로 그들은 처음 몇 시간 동안 진짜 침묵 속에서 보낸 뒤 돌아와서는 약간 당황하여, 간혹 뺨에 눈물을 흘리며 가만히 이렇게 묻는다.

"뭘 좀 물어 봐도 됩니까?"

"그럼요."

"돌아올 시간이 됐는데도 돌아오고 싶지 않았습니다. 나를 이렇게 사랑하시는 하나님을 지금까지 경험한 적이 없습니다. 하나님이 이토록 생생히 느껴지는 자리를 떠나고 싶지 않았습니다. 누구한테 말도 하고 싶지 않고, 누가 나한테 말을 거는 것도 싫습니다. 이것이 정상입니까?"

영혼의 문제에서 '정상'이 무엇인지 내가 안다고 장담할 수는 없으나 이것만큼은 분명히 안다. 곧 우리들 중 많은 이들이 자신이 얼마나 굶주려 있는지를 모른다는 것이다. 고독과 침묵으로의 초대에 이중적인 감정이 강하게 개입되는 한 가지 이유가 여기에 있다. 우리들 가운데는 영적 기아의 말기 단계에까지 가 있어 배부르고 성하다는 것이 무엇인지 모르는 사람들도 있다. 공허한 말과 소음과 활동들을 하도 오래 먹고 살다 보니 영혼이 너무 수척해진 것이다. 그런데도 거식증에 걸린 십대 아이처럼 우리는 음식다운 음식을 갈망하는 단계를 지났다. 영혼을 살찌우는 고독이라는 음식에 전혀 식욕이 당기지 않는 것이다. 거울을 보면서 우리는 몸무게 40kg의 피골이 상접한 자신이 매력 있다고 생각한다. 그래서 고독의 기회가 와도 선택하지 않는다.

반면 우리 가운데는 자신의 굶주림을 잘 알고 있는 사람들도 있다. 그런데 진작부터 잘 알고 있다 보니, 혹 제대로 된 영의 양식을 만나도 허기가 너무 심해 아무리 먹어도 양이 차지 않을까 봐 두려워한다.

어느 경우든 꽤 무서운 일이다. 우리가 할 수 있는 일은 양분을 받다 보면 결국 충만해져서 베풀 수 있는 자리에 이른다는 사실을 믿는 것뿐이다.

고독 속에서 공허를 채우는 과정을 거침으로써 결국 우리는 궁핍함 대신 충만함을 기반으로 주변 사람들과 관계할 수 있게 된다. 그렇다고 이 과정을 서둘러서는 안 되기 때문에 여기도 좋은 영성 스승의 도움이 필요할 수 있는 자리가 된다. 타이밍은 사람마다 각기 다르다. 그러나 우리가 이 영성 과정에서 하나님의 주도권을 믿고 마음을 느긋하게 먹는다면, 결국 우리의 삶과 관계의 가장자리에 무언가 새로운 것이 희미하게 떠오르기 시작할 것이다. 사랑으로 다른 사람들과 함께할 수 있는 생소한 역량이, 처음에는 거의 눈에 띄지 않겠지만, 우리에게 찾아올 것이다. '당위ought'와 '의무should'의 낯익은 땅을 훌쩍 넘어,

하나님의 임재 안에서 내가 경험하는 것들을 다른 사람들에게 어떻게든 주고 싶은 뜻밖의 열망이 절로 솟아날 것이다. 그렇다고 내면에서 일어나는 이런 깊은 변화를 팡파르를 울리며 떠벌리지는 않는다. 다만 자신을 내주고 싶은 의지만 있을 뿐이다.

• • • • • •

어느 날 나는 무언가 새롭고 다른 사람들에게 유익한 것이 나의 고독의 경험에서 희미하게 피어나는 것을 문득 보았다. 그 날은 아름다운 여름밤이었다. 창문과 문은 다 열려 있었고, 우리 집과 마당은 팔팔한 중학생 패거리만이 뿜어낼 수 있는 활력으로 가득 차 있었다. 늦은 시간이었지만 나는 집필 마감날짜를 맞추려 애쓰고 있었고, 다음 날에 할 일도 산더미 같았다. 그런데 하필 그날 밤 우리 딸 베다니Bethany가 스무 명 남짓 되는 친한 친구들과 함께 우리 집에서 자유로이 어우러져 놀고 있었다. 뒷마당에서 배구를 하는 아이들, 앞길에서 농구공을 던지는 아이들, 지하실에서 포켓 당구를 하는 아이들, 그리고 으레 누군가는 마실 것이나 간식을 가지러 내 사무실을 어슬렁거리며 지나갔다.

이런 상황에 대한 나의 반사적인 반응은 짜증이었다. 나는 잠깐 쉴 수도 없단 말인가? 방해받지 않고 조용히 일을 할 수는 없단 말인가? 이것은 내게 새삼스런 감정은 아니었다. 그것이 혼자 있을 때의 나의 모습이다. 나는 다른 사람들과 함께해야 하는 삶에서 그런 좌절로 반응한 적이 너무 많았다. 내 방식을 관철시키고 내 뜻과 필요에 맞춰 환경을 조정하기 바빴다. 사실 이러한 자기중심성에 대한 나의 인식이야말로 애당초 내가 더 깊은 차원의 변화를 추구하게 된 계기 가운데 하나였다.

그러나 그날 밤 나는 다른 종류의 질문을 던질 준비가 되어 있었다. 곧 환경을 조종하여 내가 원하는 것을 얻어낼 궁리 대신 이런 의문이 생겼다. "요즘 나는 하나님 안에서 충만함을 경험하고 있는데, 거기서부터 이 순간 이 아이들에게 줄 수 있는 것이 있을까?" 단지 '엄마의 죄책감'에서 나온 질문이 아니었다. 거기에 있던 십대 아이들에게 무언가 좋은 선물을 주고 싶어 견딜 수 없는 마음에서 나온 질문이었다. 하지만 무엇을 어떻게 줄까?

사람들과 함께한 상황에서 하나님 앞에 있는 방법에 대해 노르위치의 줄리안Julian of Norwich이 한 말이 생각났다. "나는 하나님을 보고, 그리고 당신을 보고, 그리고 계속 하나님을 본다." 나는 고독의 시간에 다른 사람들을 위해 그런 식으로 기도는 많이 해 보았다. 그러나 그날 밤은 바로 일상생활의 그 순간, 즉 마감 날짜와 빡빡한 날들을 앞둔 바쁜 엄마로서 집안에 우글거리는 아이들 속에서 그렇게 해보기로 마음먹었다. 사실 당시 나의 삶은 그런 순간들의 연속이었다. 때문에 '나의 고독과 침묵의 경험이 실생활의 이러한 순간을 달라지게 하지 못한다면 과연 무슨 가치가 있을까' 하는 생각을 하게 되었다.

그래서 나는 하나님을 보았다. 원고를 쓴답시고 지친 모습으로 컴퓨터 앞에 앉은 채 말이다. 그 와중에도 아이들은 온 방을 들락거렸다. 나는 그 동안 하나님과의 만남에 익숙해진 내면의 고요한 자리로 고개를 돌리고는 신성한 눈, 즉 이 순간의 영적 실체를 보고 느끼며 아는 구별된 눈을 달라고 기도했다.

그리고 나서 아이들에게 눈길을 돌리자 평소의 나답지 않은 것들이 보이고 느껴지기 시작했다. 곧 혼자 원고에 집중하고 싶은 욕심에 속상하기는커녕, 오히려 굳이 어른들이 있는 집에 모여 청춘의 에너지를 뿜어내며 삶의 맛을 보여주는 그 젊은이들이 고맙기 그지없었다. 집이 좀 조용했으면 하는 마음 대신 소음과 활동이 젊음의 기백과 활력으로 느껴지기 시작했다. 나는 그 활력에 끌렸고 그것으로 충만했다. 아이들의 들락거림과 호기심에 찬 질문이 방해로 느껴지기보다는 아이들 하나하나가 얼마나 예쁘고 개성이 뚜렷한지 보이기 시작했다. 그들을 상대하는 덕택에 나까지 활기가 살아났다.

신성한 눈으로 아이들을 본 뒤 다시 하나님을 보았다. 그러자 그들을 향한 하나님의 사랑이 내 마음에 넘치는 것이 느껴졌다. 그리고 말을 초월한 깊은 기도가 솟아나왔다. 짧은 순간이나마 우리와 함께함이 아이들에게 복이 되게 해 달라고 말이다.

어쩌면 부모의 도리만 남은 또 하루의 피곤한 밤이 될 뻔했는데, 그 순간 하나님과 함께 있었더니 신기하게도 내 마음에 사랑과 새로운 활력과 경이가 찾아온 것이었다. 나는 내 능력으로는 생산해 낼 수 없는 영적 역동을 느꼈다. 시끄럽게 북적대는 사람들 속에서 나는 하나님과 함께 있었고, 그로 인하여 내가 달라졌다.

나는 고독으로 떠나지 않았다. 오히려 하나님의 은혜로 고요한 나의 고독을 현재의 순간 속으로 가져왔다. 고독이란 나의 바깥에 있는 기도원이나 교회, 혹은 구석진 성소와 같이 완벽한 조건을 갖춘 곳에서만 가능한 것이 아님을 나는 경험과 실험을 통해 배우고 있었다. 고요한 고독과 침묵은 나의 내면 상태가 되어 있었고, 그 안에서 나는 하나님의 감화와 음성, 그리고 임재를 알아보고 반응할 수 있었다.

이렇듯 고독과 침묵의 습성은 결국 한 바퀴 빙 돌아 우리를 도로 인간 공동체의 삶 속에 데려다 놓는다. 우리가 30분만 고독 속에 있다 돌아왔든, 며칠씩 휴가를 가졌든, 한동안 완전히 자취를 감추었든, 하나님께서는 결국 그분의 때에 우리를 그분께서 주신 삶으로 도로 데려오신다. 외부의 환경은 아무것도 달라지지 않을 수 있으나 **우리가 변했다.** 세상에서 필요한 것은 무엇보다 바로 그것이다.

부담감 때문에 거창한 이타적인 행위를 스스로 강요하거나 애쓰지 않더라도 우리는 고독과 침묵 속에서 벌어지는 일들이 결국에는 다분히 '남을 위한' 것임을 알게 된다. 이것은 역설이 아닐 수 없다. 우리의 언어 습성 또한 침묵의 훈련으로 다듬어진다. 자기 인식이 깊어질수록 보다 진정으로 자신의 말을 선택할 수 있기 때문이다. 호감을 사고 남을 깔아뭉개고 경쟁하고 통제하고 조종하고 상처를 상처로 갚으려는 무의식의 필요에서 나오는 말 대신, 우리는 이제 자기 내면의 역동을 살피며 일부러 다른 자리, 즉 하나님께서 우리 안에 가꾸고 계신 사랑과 신뢰와 참된 지혜의 자리에서 나오는 말을 한다. 시간이 지나면서 우리는 길을 찾고 있는 다른 영혼들에게 보다 안전한 존재가 된다. 나자신의 불안과 두려움에 얽매이지 않고 그들과 그들이 다루고 있는 문제 곁에 함께 있을 수 있기 때문이다. 우리는 자신의 인간적인 본성을

편하게 느낀다. 그 자리에서 하나
님의 사랑과 긍휼을 경험했기 때

문이다. 그래서 인간적인 본성을 지닌 다른 사람들에게 사랑과 긍휼을
베푸는 것이 우리에게 극히 자연스러워진다.

아무리 경건하고 활동이 많아도 우리 그리스도인들이 늘 친절하다
고 알려진 것은 아니다. 때로 우리는 지독히 비열하며 자기중심적인 판
단을 일삼는다. 그러나 우리의 비열함은, 전부는 아니더라도 대부분의
경우, 우리의 내면에 하나님의 사랑의 돌봄과 손길을 받지 못한 것에서
비롯된다. 하나님의 임재 안에서 치유되고 변화되지 못한 상처의 자리
들이 모난 성품이 되어 거기에 부딪치는 사람들을 베고 다치게 한다.

본회퍼가 "혼자 있을 줄 모르는 사람은 공동체를 조심하라."라는 직
관에 반하는 깜짝 놀랄 만한 말을 한 것도 무리가 아니다. 고독이 없이
는 우리는 인간 공동체는 물론 기독교 공동체 안에 있다 할지라도 위
험하다. 자신의 강박에 놀아나고 자기 내면의 공허에 이끌려 또 하나
의 활동과 성취와 관계에서 만족을 구하기 때문이다. 그것은 자기 지
향적이고 불안한 추구이다. 고독 속에서 하나님께 사랑받는 자신을 보
지 못하면, 다른 사람들과 함께 있어도 항상 그들한테서 자신의 빈자
리를 채울 길을 찾아 헤매게 된다. 하나님께서만 주실 수 있는 것을 사
람들한테서 얻고 붙잡기 위해서 공동체 생활에 들어가는 것이다.

반면 자신이 하나님께 사랑받는 자이며, 예쁜 모습이든 상한 모습
이든 상관없이 전부 하나님께서 받아주시고 아껴주심을 경험한 사람
은 거칠게 모난 부분들도 차차 다듬어지게 된다. 또한 다른 사람들도

자신처럼 사랑받는 자로 보이기 시작한다. 그러면 우리의 눈을 보는 그들에게도 이것이 그대로 반사된다. 하나님의 사랑은 고독 속에 있는 내게만 찾아오는 것이 아니라, 나를 통해 다른 사람들에게까지 흘러가기 시작한다. 이것은 하나님께서만 하실 수 있는 전혀 다른 종류의 생산성이다.

· · · · · ·

이제 나는 생산성을 책을 쓴 횟수, 새 메시지를 준비하여 전한 횟수, 수련회를 인도한 횟수, 사람들을 전도한 횟수 등과 같이 일의 숫자만으로 따지지 않는다. 물론 여전히 그런 일이 내게서 많이 일어나고 있지만, 더 이상 그것들은 내가 성공을 측정하는 방식이 아니다. 오히려 이제 내게 성공이란 일과 쉼, 고독과 공동체, 침묵과 필요한 말의 리듬 안에 내가 살고 있는지, 그리하여 하나님과 다른 사람들, 그리고 업무에 나를 내주는 것이 사랑과 주목과 지혜와 분별에 있는지의 여부로 측정된다. 성공이란 강물을 부은 물동이와 같은 내가 지금도 수시로 가만히 앉아 있음을 아는 것이다. 그럴 때 내 영혼의 물이 충분히 맑아져, 이 순간과 그 다음의 순간, 그리고 그 다음의 순간이 요구하는 것을 잘 분별할 수 있게 된다.

나의 삶을 세심히 관찰해 온 결과 나는 매일, 매주, 매월 고독과 침묵에 얼마의 시간을 들여야 계속해서 하나님 안에 견고히 있을 수 있고, 또 그분의 사랑과 지혜가 보다 꾸준히 내 삶을 통해 흘러나올 수 있는지 꽤 정확히 파악했다. 영혼의 차원에서 정말로 평안하려면 무엇이 필요한지 탐색과 실험을 통해 알아내는 데 여러 해 걸렸으나, 이제 나는 하루 세 끼를 먹어야 함을 아는 것만큼이나 그것도 확실히 알게 되었다.

이제 이러한 리듬은 내 삶에서 양보할 수 없는 것이 되었다. 그러나 그렇다고 해서 거기에 율법적으로 매달리는 것은 아니다. 혹 기회를 놓쳤다 해서 잔뜩 죄책감에 빠지거나, 보충할 외적인 구실을 찾거나, 그렇지 않아도 안 되고 있는 일들을 억지로 밀어붙이지는 않는다. 그 대신 그냥 볼 뿐이다. 나의 갈망은 어디로 갔나? 고독 속에서 하나님께 전념하려는 나의 갈망과 역량을 놓칠 만큼 요즘 내가 붙잡혀 있는 일은 무엇인가?

그리고는 시간과 공간을 내서 처음으로 돌아간다. 나의 여정 전체가 시작되었던 곳, 바로 절박감과 갈망으로 돌아가는 것이다. 돌아가서는 내 안의 그 자리, 즉 지금 내게 있는 정도의 하나님, 진리, 진정한 영적 변화를 넘어 그 이상을 갈망하는 자리를 찾는다. 그 동경에 이끌려 나는 내 삶을 지탱해 주는 리듬으로 다시 돌아간다.

사랑이신 하나님만큼 우리를 채워 주는 것은 없기 때문이다. 임재하시는 하나님처럼 우리를 변화시켜 주는 것도 없다. 침묵을 통해 하나님께서 인간의 영혼 안에 낳으시는 것을 다른 어떤 것도 낳을 수 없다.

캐서린 드 후에크 도허티Catherine de Hueck Doherty는 이렇게 썼다.

이런 침묵은 거룩하고 모든 기도를 뛰어넘는 기도이며, 늘 하나님과 함께 있는 궁극적인 기도로 이어지고, 묵상의 정점에 이른다. 거기서 영혼은 마침내 평안을 얻고 자기가 전심을 다하여 사랑하는 분의 뜻 안에서 살아간다. 이 침묵은 다시 자비로 터져 나와 값을 따지지 않는 이웃 섬김으로 흘러넘친다. 언제 어디서나 그리스도를 증거한다. 이런 영혼은 즐겁고 편하게 쓰임 받는다. 각 사람 안에서 자기가 사랑하는 그분의 얼굴을 보기 때문이다. 또 진심으로 정성스럽게 남을 대접한다. 침묵하는 마음은 사랑하는 마음이며, 사랑하는 마음은 세상의 안식처이기 때문이다.

<연습>

잠시, 적어도 10분간 조용히 앉아 고독과 침묵에 들어간다. 늘 자신과 함께 계시는 하나님의 임재를 그냥 누린다. 고독과 침묵의 연습을 보다 의식적으로 시작한 이후로 하나님과 함께 있는 자신의 역량이 어떻게 달라지고 변했는지 본다.

한동안 그냥 하나님의 임재를 누린 후, 최근에 다른 사람들과 함께 보낸 시간이 질적으로 달라 보였던 때를 생각나게 해달라고 하나님께 청한다. 당신은 어쩌면 특정 관계에서 사랑을 느끼고 믿는 역량이 이전보다 성장한 것을 경험할 수도 있었을 것이다. 섬광처럼 지혜나 분별이 떠올라 용감히 그대로 따른 후 그 결과에 놀랄 수도 있었을 것이다. 충분한 자기인식 덕분에 비판이나 조종의 말을 삼가고 대신 보다 덕이되는 말을 할 수도 있었을 것이다. 힘든 순간에 공포로 반응하지 않고 하나님 안에서 쉴 수도 있었을 것이다.

하나님께서 보여주시고 싶은 것을 보게 해 달라고 기도한다. 이 사건이 자신의 삶에 가져다준 변화를 충분히 음미한다.

이번에는 이런 좋은 열매를 가져다준 것으로 보이는, 자신의 삶에 자리 잡은 고독과 침묵의 리듬을 파악한다. 이 책을 읽기 전과 읽는 동안에 얻게 된 모든 고독과 침묵의 경험을 바탕으로, 자신의 고독과 침묵의 리듬을 탐색하고 찾아내기 시작한다. 최대한 구체적이고 현실성이 있어야 한다. 준비되었다고 느껴지면, 자신의 갈망과 헌신을 하나님께 아뢴다.

고독의 하루: 내 모습 그대로 하나님과 함께

가장 깊고 근본적인 차원에서 고독이란 단순히 내 모습 그대로 하나님과 함께 있는 기회이다. 엘리야는 고독의 시간에 들어갈 때 이미 많은 성공을 누렸으나 그 대가는 혹독했다. 그는 몸이 탈진된 상태에다 낙심에 빠져 있었고 방향이 필요했다. 고독과 침묵에 들어가는 그의 첫걸음은 멈추는 것, 자신의 실상을 인정하고 하나님의 임재 안에서 쉬는 것이었다. 그는 무엇 하나 좋게 꾸미거나 고치거나 판단하려하지 않았다. 승리의 날에 그랬듯이 그저 하나님의 임재 안에 자기의 모습 그대로 있었다.

우리도 거기로 초대받고 있다. 우리도 삶의 상황 한복판에서 고독 속으로 들어가는데, 그 상황은 우리가 하나님과 함께 있는 방식과 그분께 받아야 할 것의 내용에 영향을 미친다. 친구들도 함께 시간을 보낼수록 피차 제 모습으로 있는 것이 더 편해지듯이, 장시간의 고독은 우리에게도 우리의 자아 전체로 하나님을 만나는 경험에 더 깊이 들어가는 기회를 준다. 이 하루 휴가의 목적은 지금 그 자리에서 하나님과 함께 있도록 당신을 돕는 것이다. 그래야 지금 그 자리에서 하나님께서 당신을 도우실 수 있다.

· · · · · ·

고독의 하루에 들어감에 있어 우선 집이나 기도원 등 편안하고 안전하게 느껴지는 장소를 선택한다. 하나님께 마음을 열고 자신을 내드릴 만큼 개인적인 자유가 보장되는 곳이라야 한다. 먼저 몸자세를 편안하게 한 다음 심호흡을 하면서 잠시 조용히 앉아 있는다. 그리고 오늘 자신과 함께 계시는 하나님의 임재와 하나님과 함께 있고 싶은 자신의 갈망을 느껴 본다. 영혼이 잔잔히 가라앉고 나면, 오늘 자신의 필요와 갈망을 하나님께 아뢴다. 보다 구체적으로 자세히 살피는 데 도움이 된다면 일기장에 써도 좋다. 이 구별된 시간에 침잠해 들어가는 한 방편으로 열왕기상 19장의 엘리야 이야기를 읽어도 좋다.

자신의 몸이 피곤한지 잘 살핀다. 피곤하다면 낮잠을 자거나 예배당에 조용히 앉아 있거나 담요 위에 누워 햇볕을 쪼이는 등 자신에게 쉼이 될 만한 행동을 취한다. 한 시간이나 그 이상 쉬어야 할 수도 있다. 회복될 때까지 충분히 쉬어야 하나님의 임재 안에 적당히 긴장하고 있을 수 있다. 쉴 때는 자신이 지금 하나님의 초대로 쉬고 있다는 사실을 의식한다.

푹 쉬고 나서 준비되었다고 느끼면, 아래의 질문들을 길잡이 삼아 요즘의 자기 실상을 보기 시작한다. 각 질문마다 시간을 충분히 갖는다. 질문들에 온전히 답하고 그 안에 든 하나님의 초대에 따르려면 꼬박 하루가 걸릴 수도 있음을 주지한다.

요즘 자신의 몸 상태는 어떤가? 피곤한가? 활력이 넘치는가? 건강과 체력 수준이 만족스러운가? 잘 먹고 있는가? 건강 문제에 신경을 쓰고 있는가? 이런 내용에 대해 하나님께 말씀드리고 그분의 반응을 듣는다.

최근 자신이 많이 생각하는 고민이나 의문은 무엇인가? 자신의 사고는 이런 의문에 어떻게 대처해 왔으며 그 결과는 무엇인가? 오늘 그런 의문을 가지고 조용히 앉아 있거나 천천히 묵상하며 걷는다. 답을 찾으려 하지 않는다. 대신 의문을 품은 채 시편 62편 1절과 같이 하나님의 임재 안에 가만히 있기로 한다. "나의 영혼이 잠잠히 하나님만 바람이여." 그리고는 어떻게 되는지 본다.

요즘 영혼의 상태는 어떤가? 짓누르는 고민은 무엇인가? 만끽하고 있는 기쁨이나 성공은 무엇인가? 상처 부위는 어디인가? 자녀가 기쁨의 비명과 슬픔이나 좌절의 눈물을 사랑하는 부모에게 가져가듯, 오늘 자신의 모습을 하나님께 가져간다. 자신의 현재 실상을 조금도 감하지 말고 전부 경험한다. 자신이 경험하고 있는 내용을 하나님께 직접 말씀드리고, 그 자리에 함께 계시도록 그분을 청한다.

하루를 마치며 하는 묵상

엘리야가 한동안 고독 속에 있은 후 하나님께서는 그에게 다시 물으셨다. "엘리야야, 네가 어찌하여 여기 있느냐?" 중간 점검이라고 할 수도 있다. "그래서 이제 좀 어떠냐?"

여전히 엘리야의 상태는 그의 삶에 뭔가 변화가 필요함을 분명히 보여 주었다. 엘리야의 상태에 대한 반응으로 하나님께서는 그의 건강과 복을 위해 매우 구체적인 지침을 은혜로 주셨다왕상19:15-18. 이러한 인도는 엘리야가 구해서 왔다기보다는 그의 조용한 경청에 대한 자연스런 결과로 온 것이다.

그래서 당신은 이제 좀 어떤가? 하루를 마감하면서 잠시, 오늘 당신과 하나님 사이에 있었던 일을 묵상하는 시간을 가져 보라. 고독에 처음 들어온 이후로 달라진 것이나 변화된 것이 있는가? 고요해지기 전보다 지금 더 분명히 알게 된 것이 있는가? 이 부분에 하나님의 무슨 인도나 초청이 있는가? 하나님의 초청에 어떻게 반응할 것인가?

온종일 자신과 함께하신 하나님의 임재에 감사하며 하루를 마친다. 그리고 조용히 기도하는 마음으로 사람들이 있는 삶 속으로 들어간다.

참고도서

1. 말 너머의 세계

Gunilla Norris의 인용문은 다음의 책에서 왔다. *Sharing Silence* (New York: Bell Tower, 1992), pp. 13-14.

2. 출발

M. Basil Pennington의 말은 다음의 책에 나온다. *Centered Living* (New York: Doubleday, 1988), p. 56.

Richard Foster는 다음의 기사에 영적 훈련의 작용에 대하여 썼다. "Growing Edges," *Renovaré* 1999년 4월, p. 1.

William Shannon은 다음의 책에서 우리에게 겸손한 무언의 기도를 권한다. *Silence on Fire* (New York: Crossroad, 1991), p. 11.

3. 저항

침묵의 두려움에 대한 Dallas Willard의 통찰은 다음의 책에서 왔다. *The*

Spirit of the Disciplines: Understanding How God Changes Lives (San Francisco: HarperSanFrancisco, 1998), p. 163. (『영성 훈련』, 은성)

Carlo Carretto의 말은 다음의 책에 나온다. *The God Who Comes* (Maryknoll, N.Y.: Orbis, 1974).

Elizabeth Dreyer의 갈망 찬가는 다음의 책에서 왔다. *Earth Crammed With Heaven* (New York: Paulist, 1994), pp. 65-66.

5. 몸의 안식

자기 몸의 긴장에 눈뜬 익명의 여자의 말은 다음의 책에 나온다. *Holy Meeting Ground: Twenty Years of Shalem*, Connie Clark 편집 (Washington, D.C.: Shalem Institute, 1994), p. 50.

우리의 몸을 존중함에 대한 묵상은 다음의 책에 나온다. Dorothy Bass, *Practicing Our Faith: A Way of Life for Searching People* (San Francisco: Jossey-Bass, 1997), pp. 14-15.

6. 생각의 안식

Henri Nouwen은 기도 중에 생각을 지나치게 혹사시키지 말 것을 다음의 책에서 경고하고 있다. *The Way of the Heart* (San Francisco: HarperSanFrancisco: 1991), p. 74. (『마음의 길』, 분도출판사)

"마음은 마음에 말한다."라는 묵상도 같은 책에서 왔다. Nouwen, *The Way of the Heart*, p. 76.

Richard Rohr는 달과 달을 가리키는 손가락의 비유를 다음의 책에 소개했다. *Everything Belongs: The Gift of Contemplative Prayer* (New York: Crossroad, 1999), p. 46.

Rainer Marie Rilke가 인내를 독려한 내용은 다음의 책에서 왔다. *Letters*

to a Young Poet, M. D. Herter Norton 번역 (New York: W. W. Norton), p. 35. (『젊은 시인에게 보내는 편지』, 범우사)

7. 영혼의 안식

Frederick Buechner는 다음의 책에 인용된 "Telling Secrets"에서 말없는 기도의 위안에 대해 말한다. *A Guide to Prayer for Ministers and Other Servants* (Nashville: Upper Room, 1983), p. 105.

참 자아와 거짓 자아의 개념은 성경뿐 아니라 교부들과 성녀들의 저작에도 일관되게 나타나는 주제이다. Thomas Merton과 Henri Nouwen(특히 Nouwen의 *The Way of the Heart*)과 Thomas Keating 신부는 영적 삶의 이러한 측면에 대한 나의 이해를 정립시켜 준 현대 저자들이다. 나의 교육 파트너인 The Transforming Center의 Rich Plass 박사에게도 큰 빚을 졌다. '변신하는 자아'의 언어를 나는 그에게서 배웠다. 이것은 우리 안의 거짓 부분을 파악해 내는 또 다른 방법이다. 거짓 자아가 의존하는 자기보호 행동들은 굳어진 습관으로 종종 무의식적이며, 우리 안팎에 존재하는 죄와 상처에 대한 반응으로 생겨난 것이다. 영적 변화를 이루려면 이 변신하는 반응의 껍질들을 벗겨내 참 자아를 드러내야 한다. 그래서 변화의 과정은 우리에게 옛 자아와 그 행동들에 묶여 살지 않고 보다 진실하게 하나님께 자신을 넘겨 드릴 수 있는 자리에서 살아갈 기회를 준다.

9. 자신과의 대면

하나님께서 우리를 만나 주시고 변화시켜 주시는 곳들에 대한 말은 다음의 책에서 왔다. M. Robert Mulhulland, *Invitation to a Journey* (Downers Grove, Ill.: InterVarsity Press, 1993), p. 37.

기독교 공동체에 관한 나의 책 제목은 이렇다. *Equal to the Task: Men &*

*Women in Partnership (*Downers Grove, Ill.: InterVarsity Press, 1998).

10. 순전한 임재

성경적인 앎에 대한 나의 설명은 다음의 사전을 참고한 것이다. *Vine's Expository Dictionary of Old and New Testament Words*, W. E. Vine, Merrill F. Unger, William White 편집 (Nashville: Nelson, 1985), p. 347.

말 너머의 사귐에 대한 개념은 Thomas Merton의 것이다.

Carl Arico의 다음의 책에 변화의 정의가 나온다. *A Taste of Silence* (New York: Continuum, 1999), p. 29.

11. 인도의 분별

영적 제자도의 첫째 목표에 대한 사상은 Dallas Willard의 다음의 책에 나온다. *The Divine Conspiracy* (San Francisco: HarperSanFrancisco, 1998), p. 321. (『하나님의 모략』. 복 있는 사람)

Albert Edward Day는 다음의 책에 인용된 "The Captivating Presence"라는 기사에서 순종의 작은 걸음들의 가치를 탐색하고 있다. *A Guide to Prayer for Ministers and Other Servants* (Nashville: Upper Room, 1983), p. 67.

이번 장 끝에 있는 연습은 다음의 책에서 각색한 것이다. Dennis Linn, Sheila Fabricant Linn, Matthew Linn, *Sleeping with Bread: Holding What Gives You Life* (New York: Paulist, 1995), pp. 6-8.

12. 남을 위한 삶

말과 침묵에 대한 Dietrich Bonhoeffer의 말은 다음의 책에서 왔다. *Life Together*, John W. Doberstein 번역 (New York: Harper, 1954), p. 78. (『신

도의 공동생활』, 대한기독교서회)

침묵의 선물에 대한 마지막 찬가는 다음의 책에 나온다. Catherine de Hueck Doherty, *Poustinia: Christian Spirituality of the East for Western Man* (Norte Dame, Ind.: Ave Maria, 1975), p. 21.